LES
MOHICANS
DE PARIS

PAR

ALEXANDRE DUMAS

9

PARIS
ALEXANDRE CADOT, ÉDITEUR
37, rue Serpente.
—
1855

LES MOHICANS DE PARIS

Ouvrages de Paul Féval.

Le Tueur de Tigres.	2 vol.
Les Parvenus.	3 vol.
La Sœur des Fantômes.	3 vol.
Le Capitaine Simon.	2 vol.
La Fée des Grèves.	3 vol.
Les Belles de nuit.	8 vol.

Ouvrages de G. de la Landelle.

Le Château de Noirac.	2 vol.
L'Honneur de la Famille.	2 vol.
Les Princes d'Ébène.	5 vol.
Falcar-le-Rouge.	5 vol.
Les Iles de Glace.	4 vol.
Le Morne-aux-Serpents	2 vol.
Une Haine à bord.	2 vol.

Ouvrages d'Alexandre de Lavergne.

Il faut que jeunesse se passe.	3 vol.
Sous trois Rois.	2 vol.
La Princesse des Ursins.	2 vol.
Un Gentilhomme d'aujourd'hui.	3 vol.
Le dernier Seigneur de Village. \ Le Secret de la Confession. /	2 vol.

LES

MOHICANS

DE PARIS

PAR

ALEXANDRE DUMAS

9

PARIS
ALEXANDRE CADOT, ÉDITEUR
37, rue Serpente.
—
1855

I

Revue de famille.

La seconde séance fut en tout point semblable à la première; elle fut encore défrayée par le babillage de l'enfant, et, comme la première fois, Pétrus sortit ravi de l'hôtel de Lamothe-Houdon.

Quinze jours s'écoulèrent ainsi: de deux en deux jours, Régina donnait séance au jeune homme; alors, le jeune homme, la jeune fille et l'enfant passaient des heures que Pétrus eût voulu voir s'éterniser.

Les jours où la petite Abeille était retenue par des leçons, Régina, fidèle à la recommandation que Pétrus lui avait faite d'animer son visage par la causerie, amenait la conversation sur le premier sujet venu, et le premier sujet venu, indifférent d'abord, devenait bientôt une source croissante d'intérêt, car Régina déroulait à tous propos, aux yeux de Pétrus, des trésors de science, de bonté et d'esprit.

La conversation s'engageait d'habitude

sur la peinture ou la statuaire ; on passait en revue les peintres de tous les temps et de tous les pays. Pétrus était savant en antiquité, comme Winkelmann ou Cicognara. Régina qui avait voyagé en Flandre, en Italie et en Espagne, connaissait tout ce qui s'était fait de grand dans les trois écoles. Puis, de la peinture on passait à la musique ; elle connaissait tout, depuis Porpora juspu'à Auber, depuis Haydn jusqu'à Rossini ; de la musique à l'astronomie, de l'astronomie à la botanique ; il y a plus de connexité qu'on ne croit entre les étoiles et les fleurs, les étoiles sont les fleurs du ciel, les fleurs sont les étoiles de la terre.

Puis, tous les sujets épuisés, on arrivait

à parler de sympathie, d'attractions, de communion d'âmes.

Les jeunes gens firent ainsi, sur le chemin lumineux de la pensée, mille voyages dans les contrées lointaines. Ils se promenèrent sur toutes les plages désertes, ils écoutèrent, du haut des rescifs, la grande voix de la tempête ; ils entendirent les bruits mystérieux de la nuit, dans les cabanes des forêts vierges.

Ils s'enveloppèrent enfin tout entiers dans la robe de lin des jeunes illusions.

Avant qu'il se doutât de la violence de

son amour, Pétrus était amoureux comme un fou. Il lui prenait des tentations insensées d'écarter toiles et pinceaux, de se jeter aux pieds de Régina, et de lui dire qu'il l'adorait. Malgré l'admirable puissance que Régina avait sur elle-même, il semblait à Pétrus que, parfois, l'œil de la jeune fille s'arrêtait sur lui avec une expression qu'il interprétait en faveur de son amour. Mais à côté de cela, une si suprême dignité éclatait dans les moindres paroles de Régina, que les paroles mourraient avant d'être nées sur les lèvres tremblantes du jeune homme; de sorte qu'après avoir erré avec Régina dans les plaines du ciel, il retombait comme un titan orgueilleux, foudroyé sur la terre.

Mais ce qui, outre le respect que lui inspirait Régina, ce qui augmentait sa timidité, c'était l'entourage de Régina.

Son père d'abord, le maréchal de Lamothe-Houdon, vieux soldat de l'empire, tout gentilhomme de l'ancienne race qu'il était; mais revenu, depuis 1815, à ses principes de royalisme, et fait maréchal à propos de la campagne d'Espagne de 1823 ; ayant, au milieu de tout cela, conservé les traditions plutôt peut-être encore du dix-septième que du dix-huitième siècle; plein à la fois de bonté, de fierté et de morgue, surtout à l'endroit des artistes. De temps en temps, il montait au salon qui servait d'atelier, surveillant le portrait de sa fille, et donnant à Pétrus les mêmes conseils exactement qu'il eût donnés à un maçon réparant une aile de son hôtel.

Puis, cette vieille et impertinente personne qui accompagnait Régina, le jour où elle était venue lui faire une visite à son atelier, cette dame, tante de Régina, qui avait nom la marquise de la Tournelle, était alliée par feu son mari à toute la noblesse bigote de l'époque. Depuis l'archevêque jusqu'au dernier marguillier de la paroisse, elle connaissait tous les hommes d'église ; comme depuis le président de la chambre des pairs jusqu'aux huissiers de M. Talleyrand, elle connaissait tous les hommes politiques.

Puis le comte Rappt, son protégé, membre de la chambre des députés, chef d'une des fractions les plus puissantes de la droite, ancien aide-de-camp du maréchal; homme de trente-neuf à quarante ans, froid, brave, ambitieux, cachant sous un masque de glace les ruineuses passions du jeu sous toutes les formes, à la Bourse comme sur le tapis vert.

Pendant ces quinze jours, il était venu trois fois, et, quoiqu'il n'eût daigné accorder une attention toute particulière au portrait de Régina, il avait souverainement déplu à Pétrus.

La seule personne dont la présence lui

fût agréable, était madame Lydie de Marande, amie de pension de Régina, et femme, depuis deux ans déjà, d'un des plus riches et des plus populaires banquiers de l'époque, membre de la Chambre des Députés, où il faisait une opposition obstinée au parti ultra-royaliste.

Il y avait encore dans la maison une personne dont Pétrus avait entendu souvent parler par Régina et par Abeille : c'était la maréchale de Lamothe - Houdon, femme du maréchal et mère des deux jeunes filles ; elle était d'origine russe et fille de prince. De là venait le titre de princesse que souvent, et par courtoisie, on donnait à Régina.

Nous retrouverons ces différents personnages au fur et à mesure que nous aurons besoin d'eux, pour le développement de notre action. Abandonnons-les donc un instant, pour jeter un regard sur un parent de Pétrus, appelé, de son côté, à prendre quelque importance dans le cours de notre récit.

Dans un hôtel de la rue de Varennes, rue triste et aristocratique s'il en fut, demeurait le général comte Herbel de Courtenay, oncle de Pétrus, et frère aîné de son père.

Le comte Herbel, né à Saint-Malo, était venu offrir en 1789, à Louis XVI, son dévoûment actif et le concours de plusieurs de ses compatriotes, officiers de génie ou de marine comme lui.

Deux ans après, l'Assemblée ayant décrété la suppression des fonctions royales, et ayant demandé aux troupes un serment où le nom du roi ne serait pas prononcé, plusieurs officiers, considérant cette mesure comme contraire à leur loyauté, emmenèrent des régiments entiers, et émigrèrent avec armes et bagages, se rendant à Coblentz, où le prince de Condé, chef de l'émigration armée, avait établi son quartier-général.

Le comte Herbel n'avait point suivi ce

chemin ; comme Châteaubriand, il avait traversé l'Atlantique, et il était à la Nouvelle-Orléans, lorsqu'il apprit la prise des Tuileries et l'emprisonnement du roi.

Alors il lui sembla que la voix de la royauté mourante lui criait que la place d'un gentilhomme n'était point, à l'heure qu'il était, en Amérique, mais bien aux bords du Rhin. Il partit donc par le premier bâtiment faisant voile pour l'Angleterre, débarqua en Hollande, et de la Hollande gagna Coblentz.

Là se trouvait le noyau de l'armé royaliste, formé par les gardes-du-corps, qui, licenciés après les 5 et 6 octobre, n'étaient point restés en France; armée que l'on compléta en y incorporant des émigrés, venus de tous les points de la France.

On rétablit, et ce ne fut point un des moindres reproches que l'on fit aux émigrés, on rétablit sur le pied où elle était sous Louis XV l'ancienne maison du roi. On vit alors reparaître les compagnies des mousquetaires, des chevau-légers, des gendarmes de la garde, et enfin des gardes-françaises, sous le nom d'*hommes d'armes à pied*.

Le vicomte de Mirabeau, celui que nous avons vu émigrer dès 1789, et qu'on appelait Mirabeau-Tonneau, leva une légion, fit partir le régiment de Berwick irlandais, soldats dont les pères s'étaient déjà exilés, plutôt que d'abandonner Jacques Stuart, leur roi légitime.

De son côté, le comte de La Châtre, ayant obtenu de l'archiduchesse Christine la permission d'établir dans la ville d'Ath un cantonnement de gentilshommes, mille officiers de toutes armes vinrent se ranger sous ses ordres.

Enfin, on leva des corps sous le nom de chaque province, et le ban de la noblesse fut formé.

Disons en passant que cette noblesse qui,

à son point de vue individuel et par conséquent égoïste, pouvait être excusable de servir contre son pays, affichait un luxe qui n'a pas peu contribué à faire naître l'indifférence et le discrédit dans lequel elle était tombée auprès des princes des bords du Rhin et des souverains étrangers; c'est que ni le luxe ni la mollesse ne conviennent à des proscrits, et que la ville qui leur donne asile doit ressembler à un camp où veillent des soldats, bien plus qu'à un boudoir où dorment, jouent ou plaisantent des courtisans.

Le comte Herbel, né aux bords de l'Océan, sur les âpres grèves de Saint-Malo, était habitué dès l'enfance aux sombres spectacles de la mer, et cette vie efféminée que l'on menait à Coblentz lui inspirait un profond dégoût.

Il attendait donc avec impatience l'occasion de combattre, et après avoir traîné, selon les caprices des cabinets de Prusse et d'Autriche, cette vie étrange de l'émigration, de champs de bataille en champ de bataille, en compagnie des ducs de Vauguyon, de Crussol et de la Trémouille, des marquis de Duras et du comte de Bouillé, qui faisaient comme lui partie de l'état-major du prince de Condé, il fut fait prisonnier le 19 juillet 1793, le jour de l'enlèvement à la baïonnette de la redoute de Belheim, par M. le maréchal de camp vicomte de Salgues.

Blessé grièvement et prêt à être percé par le sabre d'un cavalier républicain, celui-ci lui cria de demander quartier.

— Nous l'accordons toujours, répondit le comte Herbel, mais nous ne le demandons jamais.

—Tu es digne d'être républicain, s'écria le cavalier.

— Oui, mais, par malheur, je ne le suis pas.

— Tu sais le sort réservé aux émigrés pris les armes à la main ?

— Fusillé à l'instant même.

— Justement.

Le comte Herbel haussa les épaules.

— Eh bien, imbécille, dit-il, inutile de me dire de demander quartier.

Le soldat républicain le regarda avec un certain étonnement, quoique les soldats de la république ne s'étonnassent point facilement.

Dans ce moment, on amena trois autres gentilshommes, prisonniers comme le comte Herbel; ils étaient liés et garrottés dans une charrette

Ceux qui les amenaient tinrent un instant conseil avec celui qui avait pris le comte Herbel; puis, on fit monter le comte Herbel avec ses compagnons, et l'on prit le chemin d'un petit bois qui avoisinait la ville ; il était évident que c'était pour les fusiller.

En arrivant dans le bois, et au moment où l'on venait de faire descendre les prisonniers, le républicain qui avait pris le comte Herbel, s'approcha de lui.

— Tu es Breton, lui dit-il.

— Et toi aussi, répondit le comte.

— Si tu t'en es aperçu, pourquoi ne l'as-tu pas dit plus tôt ?

— N'as-tu pas entendu que nous ne demandons jamais quartier ; te dire que j'étais ton compatriote, c'était te demander quartier.

Le cavalier se retourna vers ses camarades.

— C'est un pays, dit-il.

— Eh bien ? demandèrent ses camarades.

— Eh bien, dit le cavalier, il ne sera pas dit que je fusillerai un pays, voilà tout.

— Eh bien, ne le fusille pas, ton pays.

— Merci, compagnons.

Puis, se retournant vers le comte Herbel, il lui ôta les cordes qui lui liaient les mains.

— Parbleu ! dit le comte Herbel, tu me rends bien service, je mourais d'envie de prendre une prise.

Et tirant de sa veste une tabatière d'or, il savoura, après en avoir offert au républicain qui refusa, une large pincée de tabac d'Espagne.

Les républicains regardaient en riant cet homme qui, au moment où il croyait qu'on allait le fusiller, savourait avec tant de bonheur le plaisir de prendre une prise de tabac.

— Eh bien, pays, dit le cavalier, maintenant que tu as pris ta prise, sauve toi.

— Comment, que je me sauve ?

— Oui ; au nom de la République, je te fais grâce comme à un brave.

— Et fait-on grâce aussi à mes autres compagnons ? demanda le comte.

—Oh ! quant à cela, non, dit le cavalier, ils paieront pour toi.

— Alors, dit l'officier breton en remettant sa tabatière dans sa poche je reste.

— Comment, tu restes ?

— Oui.

— Pour être fusillé ?

— Sans doute.

— Ah ! ça, mais tu es fou !

— Non, mais je suis Breton, et je ne fais pas une lâcheté.

— Allons, voyons, sauve-toi ; dans dix minutes il sera trop tard.

— J'ai émigré avec eux, répondit le comte Herbel en fourrant ses mains dans ses poches, j'ai combattu avec eux, j'ai été pris avec eux, je me sauverai avec eux ou je mourrai avec eux. Est-ce clair cela ?

— Eh bien, tu es un brave pays, dit le cavalier républicain, et à cause de toi et par amour de moi, mes camarades vont vous relâcher tous.

— Oui, mais qu'ils crient vive la république, dit un des cavaliers.

— Entendez-vous, camarades, dit le comte Herbel, ces braves gens-là disent que si vous voulez crier vive la république ils nous feront grâce à tous.

— Vive le roi ! crièrent les trois gentilshommes en secouant la tête pour faire tomber leur chapeau, afin de pousser leur cri, la tête découverte.

— Vive la France ! se hâta de crier le Breton de sa voix la plus forte, afin de couvrir leux voix.

— Oh ! cela tant que vous voudrez, dirent les quatre gentilhommes.

Et tous quatre d'une seule voix crièrent:

— Vive la France !

— Allons, dit le compatriote du comte

en les déliant les uns après les autres, sauvez-vous depuis le premier jusqu'au dernier, et que tout soit dit.

Et remontant sur leurs chevaux, la petite troupe républicaine s'éloigna au galop en criant aux royalistes :

— Bonne chance, et souvenez-vous de ce que nous venons de faire pour vous à l'occasion.

— Messieurs dit le comte Herbel, ils ont raison de nous crier de ne pas oublier ce qu'ils viennent de faire, ces braves sans-culottes, car je ne sais pas si à leur place nous nous serions conduits aussi noblement qu'eux.

Le 13 octobre de la même année, après la prise de Lauterbourg et de Weissembourg, où, à la tête de son bataillon, le comte Herbel avait enlevé successivement trois redoutes, pris douze pièces de canon et cinq étendards, le général comte de Wurmser, commandant en chef de l'armée autrichienne, vint le féliciter ; et le prince de Condé, l'embrassant devant ses compagnons d'armes, lui fit don de sa propre épée.

Mais, autant mourir pour la monarchie paraissait un noble devoir au gentilhomme berton, autant la guerre civile qu'il était obligé de faire avec les armées ennemies répugnait à sa conscience. Où allaient-ils, d'ailleurs, remorqués à la suite de ces soldats étrangers, dont l'esprit d'envahissement et de conquête se révélait à tous propos ? Ne faisait-on pas fausse route, et le prince de Condé, qui tentait avec le sang de ses compagnons et le sien cet effort désespéré, n'était-il pas dupe de la politique des souverains alliés ?

En effet, les habitants des frontières françaises, qui commençaient à suspecter le dévoûment à la monarchie française de la Prusse et de l'Autriche, ne se levaient plus à l'appel des armées royalistes; on reconnaissait des conquérants là où l'on avait cru trouver des libérateurs, et l'on commençait à se voiler le visage à la vue des uniformes étrangers.

L'expérience, qui vient aux princes comme aux autres hommes après que les fautes sont commises, mais qui seulement leur arrive plus tard, l'expérience était déjà venue pour le comte Herbel ; et ce fut bien plus par devoir que par conviction, qu'il suivit l'armée de Condé jusqu'au 1ᵉʳ mai de l'année 1801, jour où fut opéré le licenciement de cette armée.

Le général comte Herbel de Courtenay.

La dissolution de l'armée de Condé jeta en Allemagne, en Suisse, en Italie, en Espagne, en Portugal, aux États-Unis, en Chine, au Pérou, au Kamschatska, en un mot sur tous les points du globe, des milliers d'émigrés qui finirent par où ils eussent dû commencer, c'est-à-dire qui, au lieu de porter les armes contre la France, demandèrent aux arts, aux sciences, au commerce, à l'agriculture des moyens de subsister.

M. le marquis de Boisfranc, capitaine de dragons du prince de Condé, se fit libraire à Leipzig.

M. le comte de Caumont la Force se fit relieur à Londres.

M. le marquis de la Maisonfort se fit imprimeur à Brunswick.

M. le baron Mounier établit une maison d'éducation à Weimar.

M. le comte de la Fraylaye se fit maître de dessin.

M. le chevalier de Payen, maître d'écriture.

M. le chevalier de Botherel, maître d'escrime.

M. le comte de Pontual, maître de danse.

M. le duc d'Orléans, maître de mathématiques.

M. le comte de Lascazes, M. le chevalier

de Hervé, M. l'abbé de Levezac, M. le comte de Pomblanc, se firent maîtres de langue française.

M. le marquis de Chavannes entreprit le commerce de charbon de terre.

M. le comte de Cornullier-Lucinières trouva une place de jardinier.

Enfin, la famille de Polignac alla dans l'Ukraine et la Lithuanie, cultiver la terre, comme faisait Dupont de Nemours à New-Yorck, le comte de la Tour du Pin sur les rives de la Delaware, le marquis de Lezaı Marnézia sur les rives du Sciotto.

Le comte Herbel se réfugia, lui, en Angleterre, et songea à se pourvoir, comme les autres, d'une industrie qui pût le faire vivre.

Seulement, le comte Herbel, aîné d'une grande famille, propriétaire d'une immense fortune qui avait été confisquée par la nation comme biens d'émigrés, le comte Herbel ne savait que se battre.

Il était donc on ne peut plus embarrassé.

Il eut un moment la pensée d'accepter l'offre que lui faisait un capitaine de dragons, de lui donner gratuitement des leçons de guitare, afin qu'il pût l'enseigner fructueusement aux autres.

Mais le général, convaincu de la décadence prochaine de l'instrument, refusa l'offre du capitaine, et se mit à chercher avec obstination un état à la fois plus lucratif et moins agaçant.

Un soir, en passant sur les bords de la Tamise, il vit un gamin anglais occupé gravement à tailler avec un canif un morceau de bois d'un pied de longueur environ.

Il s'arrêta, regarda le gamin, lui sourit avec bienveillance lorsque celui-ci le regarda à son tour, et peu à peu il vit le morceau de bois devenir une coque de navire, puis la carène d'un brick de dix canons en miniature.

Il se souvint avoir autrefois, avec son frère cadet, marin enragé dont nous aurons à nous occuper bientôt, comme père de Pétrus, taillé, lui aussi, fils de l'Océan, enfant des grèves bretonnes, taillé de petits bâtiments que s'arrachaient ses jeunes camarades.

Il rentra chez lui, acheta du sapin, et se mit, avec les instruments nécessaires, à fabriquer des bâtiments de toutes nations, depuis la corvette américaine aux mâteraux élancés, jusqu'à la lourde jonque chinoise.

Ce qui avait d'abord été un amusement, devint une industrie ; ce qui avait été une industrie, devint un art.

Taille, coupe, appareillage, peinture, aménagement, gréement, le comte étudia tout. Il fit bientôt mieux que des imitations, il fit des modèles.

Il finit par obtenir une place de conservateur à l'Amirauté de Londres, ce qui ne l'empêchait point d'avoir dans le Strand un magasin sur lequel étaient écrits ces mots en grosses lettres :

Le général comte Herbel de Courtenay, descendant des empereurs de Constantinople, tourneur en bois.

Et en effet, on trouvait dans la boutique du descendant de Josselin III, non-seulement les petits modèles de bâtiments qui faisaient le fond de son commerce, mais encore des tabatières, des toupies, des quilles et une foule d'autres objets, concernant l'état qu'il avait adopté.

Le 26 avril 1802, l'amnistie fut proclamée.

Le comte Herbel de Courtenay était philosophe ; il avait son existence assurée en Angleterre, il ne l'avait point en France, il resta en Angleterre.

Il y resta encore en 1814, malgré la rentrée des Bourbons en France, et se félicita d'y être resté, en voyant les Bourbons sortir de France en 1815.

Il y resta jusqu'en 1818, et revint alors en France, avec une centaine de mille francs, fruit de ses économies et de la vente de son magasin.

Plus tard, M. le comte Herbel de Courtenay toucha sa part du milliard d'indemnité, douze cent mille livres.

Il s'en fit soixante mille livres de rente.

Une fois redevenu riche, il fut trouvé, par ses concitoyens, digne de les représenter, et envoyé en 1826 à la Chambre des Députés.

Il y prit place au centre gauche.

Il y représentait une nuance d'opposition, entre Lameth et Martignac.

C'est là que nous allons le retrouver en 1827, au moment où M. de Peyronnet vient de présenter sur la presse ce projet de loi qui, selon l'expression de Casimir Périer, n'avait d'autre but que de supprimer entièrement l'imprimerie.

La discussion s'était ouverte au commencement de février ; quarante-quatre députés étaient inscrits pour combattre la loi, et trente-un pour la défendre.

Disons que presque tous ceux qui allaient défendre la loi appartenaient au parti religieux, tandis que ceux qui devaient la combattre étaient à la fois des députés de l'ancienne gauche, et des membres de la droite, qui, quoique adversaires acharnés, s'étaient réunis dans une opposition commune au parti clérical et à MM. de Villèle et de Peyronnet.

Parmi ceux qui contribuaient de tous leurs efforts au renversement prochain du ministère, était le comte Herbel, qui, ennemi acharné tout à la fois des républicains et des jésuites, ne haïssait que deux choses au monde : les jacobins et les prêtres.

Appartenant, comme Lafayette et Mounier, à ce que l'on appelait en 1789 le parti constitutionnel, il commençait à comprendre les avantages du gouvernement parlementaire; comme M. de Labourdonnaye, il plaçait le bonheur de la France dans l'alliance de la Charte et de la légitimité ; et il les regardait comme tellement inséparables l'une de l'autre, qu'il ne voulait pas plus de la Charte sans la légitimité, que de la légitimité sans la Charte.

Or, la nouvelle loi contre la presse paraissait au général Herbel violente et absurde, et elle lui avait semblé dirigée bien plutôt contre la liberté que contre la licence ; aussi, avait-il bondi en entendant dire à M. de Sallabery, qui avait entamé la discussion, que l'imprimerie était la seule plaie dont Moïse eût oublié de frapper l'Égypte ; et avait-il failli provoquer M. de Peyronnet, qui avait éclaté de rire, contre son habitude, à cette pointe équivoque de l'honorable député. Enfin, le général Herbel, qui s'appelait de son nom de famille Jacques de Courtenay, c'est-à-dire qui portait un des plus vieux et des plus illustres noms de la France, sans en excepter le nom du roi ; le général Herbel, tout en étant, par sa noblesse, par ses instincts et par son éducation, du faubourg Saint-Germain, appartenait, par son esprit sceptique et railleur, à l'école voltairienne ; par son caractère ardent et despotique, au système impérial ; et, pour ainsi dire, à l'école moderne, par ses opinions exemptes de préjugés.

Deux sectes seulement, avons-nous dit, avaient le privilége de le mettre en fureur.

Les jésuites et les jacobins.

C'était un singulier composé d'oppositions, que le général Herbel.

Voulez-vous me suivre et entrer avec moi chez lui? Nous l'étudierons à notre aise. Il va jouer, sinon un premier rôle, au moins un rôle important dans notre drame, et nous ne saurions prendre trop de soins à faire de lui un portrait ressemblant.

On était, comme nous l'avons dit, au lundi-gras; le général, sorti de la Chambre à quatre heures, venait de rentrer dans son hôtel, rue de Varennes.

Il était étendu sur une causeuse, et lisait dans un livre in-quarto doré sur tranches et relié en maroquin rouge.

Son front était soucieux, soit que la lecture qu'il faisait l'agitât, soit que sa préoccupation fût antérieure à sa lecture, et que sa lecture ne pût l'en distraire.

Il allongea le bras vers une petite table, cherchant à tâtons, sans cesser de lire, trouva une sonnette sous sa main et sonna.

Au bruit du timbre, son front parut se rasséréner; un sourire de satisfaction passa sur ses lèvres, il ferma son livre, tout en prenant son pouce dans l'ouverture, leva les yeux au plafond, et fit à haute voix, et se parlant à lui-même, les réflexions suivantes :

— Décidement, Virgile est, après Homère, le premier poëte du monde. Ouf !

Et comme personne n'était là pour le contredire.

— Plus je lis ses vers, dit-il, plus je les trouve harmonieux.

Et, en les scandant avec un moelleux mouvement de tête, il modula de mémoire une dizaine de vers des Bucoliques.

— Qu'on vienne après cela me parler des Lamartine, des Hugo ; rêveurs, métaphysiciens, que tous ceux-là !

Et le général haussa les épaules.

La solitude dans laquelle il se trouvait, malgré le coup de sonnette qu'il venait de donner, faisant que nul n'était là pour le contredire, il continua.

— Du reste, ce qui m'enchante dans les anciens, c'est sans doute cet air de parfait repos, cette profonde sérénité de l'âme qui règne dans leurs écrits.

S'arrêtant quelques secondes après cette

judicieuse réflexion, son sourcil se fronça de nouveau.

Il sonna une seconde fois.

— Puis, après avoir sonné, son front reprit sa sérénité première.

Le résultat de cette sérénité fut la reprise de son monologue.

— Presque tous les poètes, les orateurs et les philosophes de l'antiquité vivaient dans la solitude, dit-il, Cicéron à Tusculum, Horace à Tibur, Sénèque à Pompéia, et ces teintes douces qui charment dans leurs livres sont comme le reflet de leurs méditations et de leur isolement.

Pour la troisième fois en ce moment le sourcil du général se fronça, et il sonna pour la troisième fois, mais cette fois avec un tel acharnement, que le battant de la sonnette se détacha et alla rebondir dans une glace qu'il faillit briser.

— Frantz! Frantz! viendras-tu, misérable coquin! cria le général avec une sorte de rage.

A cet appel énergique, parut un domestique dont la tournure rappelait ces soldats autrichiens, sanglés au milieu du corps par la ceinture de leur pantalon collant; il portait une espèce de croix à un ruban jaune et des galons de caporal.

Au reste, il y avait une raison pour que Frantz ressemblât à un soldat autrichien.

C'est qu'il était de Vienne en Autriche.

Dès son entrée, il prit l'attitude militaire, les jambes rapprochées, la pointe des pieds en dehors, le petit doigt de la main gauche à la couture de la culotte, la main droite ouverte à la hauteur du front.

— Ah! c'est toi, enfin, drôle! dit le comte furieux.

— C'être moi, oui, mon chénéral, présent.

— Oui, présent, drôlement présent; voilà trois fois que je t'appelle, scélérat.

— Che n'afre entendu que la seconte, mon chénéral.

— Imbécille! dit le général, riant malgré lui de la naïveté de son brosseur. Et le dîner, où est-il?

— Le dîner, mon chénéral?

— Oui, le dîner.

Frantz secoua la tête.

— Comment? veux-tu dire qu'il n'y a pas de dîner aujourd'hui, maroufle?

— Si, mon chénéral, il y a un dîner, mais il n'est pas l'heure.

— Il n'est pas l'heure?

— Non.

— Quelle heure est-il donc?

— Cinq heures un quart, mon chénéral.

— Comment, cinq heures un quart?

— Cinq heures un quart, répéta Frantz.

Le général tira sa montre de son gousset.

— C'est ma foi vrai, dit-il; quelle humiliation pour moi que ce maroufle ait raison.

Frantz sourit de satisfaction.

— Je crois que tu t'es permis de sourire, coquin, dit le comte.

Frantz fit signe que oui.

— Et pourquoi as-tu souri ?

— Parce que je savais mieux l'heure que mon chénéral.

Le général haussa les épaules.

— Allons, va-t-en, dit-il, et qu'à six heures précises le dîner soit sur la table.

Et il reprit la lecture de son Virgile.

Frantz fit trois pas vers la porte, puis se ravisant tout à coup, il fit un tour sur ses talons, regagna les trois pas perdus et se retrouva à la même place et dans la même position où il était un instant auparavant.

Le général sentit plutôt qu'il ne vit le corps opaque qui lui interceptait, non pas son soleil, mais son ombre.

Il releva les yeux de la pointe du soulier de Frantz à l'extrémité de ses doigts.

Frantz était immobile comme un soldat de bois.

— Eh bien, demanda le général, qui est là ?

— C'est moi, mon chénéral,

— Est-ce que je ne t'avais dit de t'en aller ?

— Mon chénéral l'avait dit, c'est vrai.

— Pourquoi n'es-tu pas parti, alors ?

— Je suis parti.

— Tu vois bien que non, puisque tu es là.

— C'est que je suis revenu.

— Et pourquoi es-tu revenu, je te le demande ?

— Je suis revenu parce qu'il y avait là une personne qui veut parler au chénéral.

— Frantz, s'écria le comte en fronçant le sourcil plus fort qu'il n'avait fait encore. Je t'ai déjà dit cent fois, malheureux, qu'en sortant de la Chambre je désirais me retremper dans la lecture des bons livres pour oublier les mauvais discours, autrement dit, que je ne veux recevoir personne.

— Mon chénéral, dit Frantz en clignant de l'œil, c'est une tame.

— Une dame ?

— Oui, mon chénéral, une tame.

— Eh bien, maroufle, quand ce serait un évêque, je n'y suis pas.

— C'est que j'ai dit que fous y étiez, mon chénéral.

— Tu as dit cela ?

— Oui, mon chénéral.

— Et à qui as-tu dit cela ?

— A la tame.

— Et cette dame est ?

— La marquise de la Tournelle.

— Mille millions de tonnerres, s'écria le général, bondissant sur sa causeuse.

Frantz sauta à pieds joints en arrière, et se retrouva un demi-mètre plus loin dans la même position.

— Ainsi, tu lui as dit que j'y étais, s'écria le général furieux.

— Oui, mon chénéral.

— Eh bien, écoute, Frantz, tu vas ôter

ta croix et tes galons, tu les serreras précieusement dans ton armoire, et tu ne les porteras pas de six semaines.

Il se fit sur le visage du vieux soldat un bouleversement qui indiquait l'effroyable tempête qui s'élevait dans son âme. Sa moustache s'agita en tous sens, une larme brilla au coin de son œil, et il fut obligé de faire un effort surhumain pour ne pas éternuer.

— Ah! mon chénéral, murmura-t-il.

— C'est dit, et maintenant, fais entrer cette dame!

III

Causerie d'une dévote avec un voltairien.

Frantz ouvrit la porte et fit entrer cette vieille et impertinente personne que nous avons vue servir de chaperon à Régina, dans la visite que celle-ci faisait à Pétrus pour lui demander son portrait.

Le général possédait au plus haut degré cette qualité suprême de l'aristocratie, que le peuple a désignée dans cet axiôme tant soit peu vulgaire, *faire contre mauvaise fortune bon cœur.* Nul ne savait mieux sourire, non pas à un ennemi, avec les hommes le général était franc jusqu'à la brutalité, mais à une ennemie, car avec les femmes, de quelque âge qu'elles fussent, le général était courtois jusqu'à la dissimulation.

A l'entrée de la marquise, il se leva donc, et avec une certaine paresse dans la jambe gauche, attribuée par lui à une ancienne blessure, par son médecin à une récente attaque de goutte, il alla au-devant d'elle, lui offrit galamment la main, et la conduisit à la causeuse qu'il venait de quitter, approcha un fauteuil de la causeuse et s'assit sur le fauteuil.

— Comment, marquise, lui demanda-t-il, c'est vous en personne qui me faites l'honneur de me visiter ?

— Et vous m'en voyez vous-même toute surprise, mon cher général, dit la vieille dame en baissant pudiquement les yeux.

— Surprise, marquise ? permettez-moi de vous dire que, de votre part, le mot n'est point aimable. Surprise ! et quelle chose peut vous surprendre ici, marquise?

— Général, n'attachez point aux paroles que je vous dis ici en ce moment toute l'importance qu'elles pourraient avoir dans une autre heure et dans un autre lieu. J'ai un si grand service à vous demander, que j'en suis remplie de confusion.

— Je vous écoute, marquise. Vous savez que je suis tout vôtre. Je vous écoute, parlez, de quoi s'agit-il ?

— Si le proverbe : loin des yeux, loin du cœur, n'était point une désolante vérité, dit coquettement la marquise, vous m'épargneriez la peine d'aller plus loin, en devinant le service que je viens vous demander.

— Marquise, ce proverbe-là est faux comme tous les proverbes qui pourraient me faire du tort dans votre esprit; car, bien que j'aie été privé du plaisir de vous voir depuis notre dernière dispute, à propos du comte Rappt...

— A propos de notre...

— A propos du comte Rappt, interrompit vivement le général, et il y a près de trois mois que la dispute a eu lieu, je n'ai point oublié que c'était le jour de votre anniversaire, et je viens de vous envoyer mon bouquet; vous le trouverez en rentrant chez vous. C'est le quarantième bouquet que vous aurez reçu de moi.

— Le quarante-unième, général.

— Le quarantième; je tiens à mes dates, marquise.

— Voyons, récapitulons.

— Oh! tant que vous voudrez.

— C'est en 1787 que le comte Rappt est né.

— Pardon, c'est en 1786.

— Vous en êtes sûr?

— Parbleu ! mon premier bouquet date de l'année de sa naissance.

— De l'année qui la précède, mon cher général.

— Non, non, non, non.

— Enfin.

— Oh ! il n'y a pas d'enfin, c'est comme cela.

— Soit ; d'ailleurs, je ne viens pas pour vous parler de ce malheureux enfant.

— Malheureux enfant ! d'abord, ce n'est

plus un enfant; un homme à quarante-un ans, n'est plus un enfant.

— Le comte Rappt n'a que quarante ans.

— Quarante-un ! Je maintiens le chiffre; puis, pas si malheureux, ce me semble. D'abord, vous lui faites quelque chose comme vingt-cinq mille livres de rente.

— Il devrait en avoir cinquante, si son père n'avait pas le cœur dur comme un rocher.

— Marquise, je ne connais pas son père, je ne puis donc pas vous répondre là-dessus.

— Vous ne connaissez pas son père! s'écria la marquise, du ton dont Hermione dit :

Je ne t'ai point aimé, cruel ! Qu'ai-je donc fait?

— Ne nous embrouillons pas, marquise : vous disiez, en parlant du comte Rappt, qu'il était malheureux, et moi, je vous disais, pas si malheureux. D'abord, vingt-cinq mille livres de rente que vous lui faites.

— Oh ! ce n'est pas ces vingt-cinq mille livres de rente qu'il devrait avoir, c'est...

— Cinquante, vous l'avez déjà dit ; donc,

vingt-cinq mille livres de rente que vous lui faites, son traitement de colonel, quatorze mille francs, sa croix de commandeur de la Légion-d'Honneur, deux mille quatre cents ; avec cela, député, en position, à ce que l'on assure, par votre influence sur votre frère, de faire un mariage de deux ou trois millions, avec une des plus belles héritières de Paris. Mais ce malheureux enfant, au contraire, me paraît heureux comme un bâtard.

— Oh! général, fi donc!

— Eh bien! mais c'est un proverbe, vous en usez bien, vous, pourquoi m'en priverais-je?

— Vous avez dit à l'instant même que tous les proverbes étaient faux.

— Je n'ai parlé que de ceux qui pouvaient me faire du tort dans votre esprit. Mais il me semble que nous marivaudons, marquise, et que vous étiez venue, dites-vous, pour me demander un service ; voyons, marquise, quel service?

— Vous ne vous en doutez pas un peu ?

— Non, d'honneur.

— Cherchez bien, général.

— Je suis mortifié, marquise, mais je ne m'en doute pas.

— Eh bien, général, je viens vous inviter à mon bal de demain.

— Vous donnez un bal!

— Oui.

— Chez vous?

— Non, chez mon frère.

— C'est à dire que votre frère donne un bal.

— C'est toujours la même chose.

— Pas tout à fait, à mon endroit du moins ; je n'ai pas envoyé quarante bouquets à votre frère comme à vous.

— Quarante-un.

— Je ne veux pas vous contrarier pour un de plus ou de moins, viendrez-vous ?

— Au bal de votre frère ?

— Enfin y viendrez-vous ?

— Est-ce sérieux, ce que vous me demandez là ?

— Oh! voilà encore une de vos idées.

— Votre frère, qui m'appelle le Vieux de la Montagne, parce que je suis au centre gauche, et que je vote contre les jésuites! Pourquoi ne m'appelle-t-il pas régicide tout de suite. Qu'est-ce qu'il faisait donc, lui, tandis que je tournais des toupies et que je gréais des bricks dans le Strand. Il faisait ce que faisait mon brigand de frère, il servait M. Bonaparte, seulement mon pirate de frère le servait sur mer, tandis que le vôtre le servait sur terre. Oh! oh, je vous le demande encore, marquise, votre invitation est-elle sérieuse?

— Sans doute

— La Plaine invite la Montagne ?

— La Plaine fait comme Mahomet, général. La montagne ne voulait pas aller à Mahomet...

— Oui, Mahomet a été à la montagne, je sais cela, mais Mahomet était un ambitieux qui a fait une foule de choses qu'un honnête homme n'aurait pas faites.

— Comment, mon cher général, vous ne serez pas là le jour où l'on annoncera le mariage de ma nièce Régina avec notre cher...

— Avec votre cher fils, marquise. Ainsi,

c'est le rameau d'olivier que vous m'apportez ?

— Enlacé d'un rameau de myrthe, oui, général.

— Mais marquise, en vérité, n'est-il pas un peu hasardé le mariage que vous faites là, car vous ne me direz point que ce n'est pas vous qui le faites.

— Hasardé en quoi ?

— Votre nièce a dix-sept ans.

— Après.

— C'est bien jeune pour épouser un homme de quarante-un ans.

— De quarante.

— De quarante-un, sans compter, cher marquise, qu'il a couru, vers 1808 ou 1809, certains bruits sur le comte Rappt et madame la princesse de Lamothe-Houdon.

— Chut, général, est-ce que des gens de notre qualité disent les uns sur les autres de ces sortes d'infamies.

— Non, ils se bornent à les penser; mais comme je pense tout haut avec vous, marquise, je n'ai pas cru devoir tourner deux fois ma langue dans ma bouche avant de parler. Maintenant, laissez-moi vous dire une chose.

— Laquelle?

— C'est que je ne croirai jamais que vous ayez pris la peine de venir de la rue Plumet à la rue de Varennes, dans la seule espérance de recruter pour votre bal un danseur de ma sorte.

— Pourquoi donc, général?

— Voyons, marquise, on dit que la pensée des femmes se trouve toujours dans le post-scriptum de leurs lettres.

— Et vous voudriez connaître le post-scriptum de ma visite ?

— C'est mon désir le plus cher.

— Je comprends, vous voulez me faire sentir que vous la trouvez longue, et me reprocher poliment de vous l'avoir faite.

— Ce serait le premier reproche que je vous eusse fait de ma vie, marquise.

— Prenez garde, vous allez me donner de la vanité.

— Ce sera le seul défaut que je vous connaisse.

— Oh! général, voilà un compliment qui vient en droite ligne de la cour de Louis XV.

— Il viendra d'où vous voudrez, pourvu que je sache d'où votre invitation vient elle-même.

— Allons, je vois que vous êtes encore plus incrédule qu'on ne le dit.

— Écoutez, chère marquise, c'est la troisième fois que j'ai l'honneur de vous voir depuis dix-huit mois. La première fois que vous êtes venue, c'était pour me faire une confidence qui m'eût bien touché si j'avais pu y croire, c'est que le comte Rappt, né juste douze mois après la mort de ce pauvre marquis de la Tournelle, était-né neuf mois juste après le premier bouquet que je vous avais envoyé.

— Neuf ou dix mois avant, mon cher général.

— Neuf ou dix mois après, ma chère marquise.

— Convenez que vous mettez un entêtement à rajeunir notre union.

— Convenez que vous mettez une persistance à la vieillir.

— Bien naturelle chez une mère.

— Alors, chère amie, pourquoi diable avez-vous attendu si longtemps pour m'annoncer le bonheur suprême que m'accordait la Providence en m'accordant un héritier au moment où je m'y attendais le moins ?

— Général, il y a des aveux qui coûtent toujours à une femme.

— Et qui finissent par lui échapper, cependant, quand l'homme à qui elle avait hésité trente-sept ou trente-huit ans à les faire se trouve tout à coup, et par une circonstance imprévue, comme celle du vote d'un milliard d'indemnité, avoir douze cent mille francs à toucher pour sa part.

— Il y avait, vous en conviendrez, mon cher général, une certaine délicatesse à ne point vous dire que vous aviez un fils, quand l'absence de fortune devait vous donner le chagrin de ne pouvoir laisser à ce fils que votre nom, très honorable, très illustre, mais très pauvre.

— Marquise, si vous venez comme il y a dix-huit mois, comme il y a douze mois, comme il y a six mois, pour me persuader que notre liaison date de 1786, quand je suis sûr, moi, qu'elle ne date que de 1787, je vous dirai, marquise, que je me suis abandonné hier à l'Art de vérifier les Dates, que j'ai passé la nuit dernière à vérifier celle du premier bouquet que je vous ai envoyé, et que...

— Et que?

— Et que c'est mon frère le corsaire, ou mon neveu le peintre, tout indignes que je les reconnaisse de porter mon nom et d'hériter de ma fortune, qui hériteront de ma fortune et qui porteront mon nom. Cela vous suffit-il, marquise?

— Non, général, car je ne venais point pour cela.

— Alors, pourquoi diable venez-vous donc? s'écria le général en manifestant le premier mouvement d'impatience qu'il eût laissé échapper, est-ce pour que je vous épouse?

— Avouez entre nous que vous m'avez assez aimée, pour qu'une proposition pareille n'ait rien qui puisse vous surprendre.

— Je l'avoue entre nous, marquise, mais entre nous seulement; alors c'est donc pour cela que vous veniez; que ne le disiez-vous tout de suite?

— Que m'auriez-vous répondu?

— Que je n'avais aucune répugnance à mourir dans la peau d'un vieux garçon, tandis que j'aurais une honte profonde à mourir dans celle d'un sot.

— Consolez-vous, général, je ne viens pas pour cela.

— Alors, mille millions de tonnerre!... Ah! pardon, marquise, mais c'est qu'en vérité, vous feriez perdre le paradis à un saint qui aurait déjà le pied sur le seuil de la porte.

Et le général, qui s'était levé en laissant échapper son gros juron, se mit à se promener en long et en large.

Puis, s'arrêtant enfin devant la marquise :

— Mais si vous ne venez pas pour cela, dit-il, au nom du bon Dieu tout puissant, pourquoi venez-vous donc?

— Allons, dit la vieille dame, je vois bien qu'il faut aborder la question.

— Abordons, marquise, abordons, je vous en supplie !

— Bon! voilà que vous parlez comme votre frère le corsaire.

— Nous allons parler de mon frère le corsaire, alors, marquise?

— Non.

— Mais de quoi allons-nous parler, alors?

— Vous avez sans doute entendu dire que le comte Rappt...

— Nous y voilà revenus.

— Laissez-moi achever ; avait été mandé par le roi.

— Oui, marquise, j'ai entendu dire cela.

— Vous n'ignorez pas dans quel but ?

— Faites comme si je l'ignorais, marquise.

— C'était dans le but d'appeler notre cher fils...

— Votre cher fils !

— Au ministère.

— J'en suis stupéfait, mais je le crois.

— Pourquoi le croyez-vous, si vous en êtes stupéfait ?

— *Credo, quia absurdum.*

— Ce qui veut dire ?

— J'attends la suite de votre discours, marquise.

— Eh bien, dans cette entrevue entre Sa Majesté et le comte Rappt, il a été fort question de vous.

— De moi ?

— Oui ; car il faut vous le dire, mon cher général, si la voix du sang est muette chez vous, elle parle dans le cœur du pauvre enfant.

— Marquise, vous allez me toucher.

— Elle fait plus que parler, elle crie.

— Et qu'a-t-on dit de moi dans cette entrevue ?

— Que vous étiez le seul homme capable de succéder au ministre de la guerre actuel.

— Tenez, marquise, il faut en finir, car j'attends mon neveu à dîner, à six heures précises, et à moins que vous ne nous fassiez l'honneur de dîner avec nous...

— Vous êtes bien bon, mon cher général, mais je dois absolument dîner chez mon frère, c'est aujourd'hui que se règlent les articles du contrat de mariage entre Régina...

— Oui, et votre cher comte Rappt. Eh bien, comme je ne veux pas vous attarder, j'arrive au but en deux mots, à la fin finale. Si la loi passe, M. Rappt est ministre, et pour que la loi passe, il vous manque trente ou quarante voix, vous venez me demander la mienne et celle de mes amis.

— Eh bien, dit calinement la marquise, si c'était là en effet le but, la fin finale de ma visite, que diriez-vous ?

— Je dirais que je regrette de ne pas avoir cent voix, cinq cents voix, mille voix, afin de les donner toutes contre cette loi, que je regarde comme abominable, infâme, et ce qui est bien pis, absurde.

— Tenez, général, dit la marquise s'emportant à son tour, vous mourrez dans l'impénitence finale, c'est moi qui vous le dis.

— Et c'est moi qui vous en réponds.

— Se peut-il que pour faire une niche à un homme que vous détestez, tandis qu'au contraire, vous devriez...

— Marquise, vous allez me rendre enragé, je vous en préviens.

— Vous votiez avec les libéraux ! Savez-vous que si une révolution arrivait, les faubouriens, les jacobins et les sans-culottes vous feraient jouer le rôle de M. Lafayette. Vous en avez déjà les cheveux blancs, tenez. Oh ! si les Courtenay revenaient au monde, je suis, en vérité, curieuse de savoir ce qu'ils diraient en voyant leurs noms portés par un corsaire, un jacobin et un artiste.

— Marquise ! s'écria le général furieux.

— Je vous laisse, général, je vous laisse;

mais la nuit porte conseil, et j'espère que demain vous aurez changé d'avis.

— Changé d'avis ! Mais ni demain, ni après-demain, ni dans huit jours, ni dans cent ans. Ainsi, marquise, il est inutile que vous reveniez avant cette époque-là.

— Vous me chassez, général, vous chassez la mère de votre....

— Monsir Pétrous Herbel, annonça Frantz en ouvrant la porte.

En même temps, la pendule sonna six heures.

IV

Causerie entre un oncle et un neveu.

Pétrus parut dans le pénombre du corridor.

— Viens ici, dit le général, ah! morbleu tu arrives à temps.

— Il me semble pourtant que vous n'aviez pas besoin de renfort, général, dit la marquise ; si vous étiez arrivé cinq minutes plus tôt, monsieur Pétrus, votre oncle vous eût donné une belle leçon de galanterie.

Et la marquise accompagna ces paroles d'un salut qui indiquait une certaine familiarité à l'endroit du jeune homme.

— Tiens, vous connaissez mon neveu, marquise, demanda le général.

— Mais oui, le bruit de ses succès est arrivé jusqu'à nous, et ma nièce Régina a voulu avoir un portrait de sa main. Vous devez être fier, général, ajouta la vieille dame d'un ton moitié dédaigneux, moitié railleur, d'avoir dans votre famille un artiste d'un pareil talent.

— J'en suis fier en effet, car mon neveu est un des plus honnêtes garçons que je connaisse. J'ai l'honneur de vous saluer marquise.

— Adieu, général. Songez au sujet de ma visite, et quittons-nous bons amis.

— Je veux bien que nous nous quittions, marquise, mais bons amis c'est autre chose.

— Oh! gendarme, va, gronda la marquise en se retirant.

A peine fut-elle sortie du salon, à peine la porte fut-elle refermée derrière elle, que, sans répondre à son neveu qui lui demandait des nouvelles de sa santé, le général se précipita sur le cordon de la sonnette et le secoua avec fureur.

Frantz accourut.

Il n'avait déjà plus sa croix ni ses galons, tant il était sévère observateur de tout commandement militaire.

— Vous avez sonné, mon chénéral? dit-il.

— Oui, j'ai sonné. Mets-toi à la fenêtre, drôle.

Frantz se dirigea vers l'endroit indiqué.

— M'y foilà, dit-il.

— Ouvre-la donc, imbécille.

Frantz ouvrit la fenêtre.

— Regarde dañs la rue.

Frantz se pencha en avant.

— J'y regarte, mon chénéral.

— Qu'y vois-tu ?

— Rien, mon chénéral, la nuit est noire, comme une giberne.

— Regarde toujours.

— Ah ! je fois une foiture, mon chénéral.

— Et puis ?

— Et puis une tame qui monte dedans, la tame qui sort d'ici.

— Tu la connais, cette dame, n'est-ce pas ?

— Pour mon malheur, mon chénéral.

Frantz faisait allusion à sa dégradation.

— Eh bien, Frantz, quand elle viendra pour me voir, tu lui diras que je suis au Champ-de-Mars.

— Oui, mon chénéral.

— C'est bien, ferme la fenêtre et va-t-en.

— Mon chénéral n'a plus rien à me commander ?

— Si fait, morbleu ! j'ai à te commander d'aller donner la schlague au cuisinier.

— J'y vais, mon chénéral.

Et Frantz s'achemina vers la porte.

Mais, s'arrêtant au moment de sortir:

— Et s'il me demande pourquoi la schlague, que lui dirai-je ?

— Tu lui diras : parce qu'il est six heures cinq minutes, et que le dîner n'est pas sur la table.

— Ce n'être pas la faute de Jean si le dîner n'être pas sur la table, mon chénéral.

— Alors, c'est la tienne ; va dire à Jean de te la donner.

— Cé n'est pas la mienne non plus.

— La faute à qui, alors ?

— C'est la faute du cocher de matame la marquise.

— Bon, il ne manquait plus que cela pour me raccommoder avec elle.

— Il est entré dans la cuisine, et comme il portait sous son bras le chien de la marquise, qui sentait le musc, l'odeur du musc a fait tourner les sauces.

— Tu entends, Pétrus, dit le général en se tournant d'un air tragique vers son neveu.

— Oui, mon oncle.

— N'oublie jamais que la marquise a fait dîner ton oncle à six heures un quart. Allez, monsieur Frantz, et ne reprenez vos galons et votre croix qu'au bout de trois mois.

Frantz sortit de l'appartement dans un état voisin du désespoir.

— La visite de la marquise vous a fait éprouver quelque contrariété, à ce qu'il paraît, mon oncle ?

— Je croyais que tu la connaissais, disais-tu ?

— Mais oui, un peu, mon oncle.

—Eh bien! tu dois savoir que partout où

passe la vieille dévote, c'est comme si le grand diable d'enfer y avait passé.

— Pardon, mon oncle, dit Pétrus en riant, mais on vous accuse de par le monde d'avoir eu beaucoup de dévotion pour cette dévote.

— J'ai tant d'ennemis ; mais, morbleu ! parlons d'autre chose, as-tu reçu des nouvelles de ton pirate de père ?

— Il y a trois jours à peu près, mon oncle.

— Et comment va-t-il, le vieux corsaire ?

— Très bien, mon oncle, il me charge de vous embrasser.

— Pour m'étrangler, comme un vieux jacobin qu'il est. Ah! ça, dis-moi donc, est-ce que c'est pour ton oncle que tu as fait cette toilette?

— Un peu pour vous, et beaucoup pour lady Grey.

— Tu sors de chez elle ?

— J'ai été la remercier.

—De quoi? De ce que son frère l'amiral,

toutes les fois qu'il me rencontre, me fait des compliments sur les prouesses maritimes de ton scélérat de père ?

— Non, mon oncle, de l'intention qu'elle a eue de me faire vendre mon Coriolan.

— Je le croyais vendu.

— Il ne tiendrait qu'à moi qu'il le fût en effet.

— Eh bien ?

— J'ai refusé.

— Le prix ne te convenait pas ?

— On m'en donnait le double de ce qu'il valait.

— Pourquoi as-tu refusé, alors ?

— Parce que l'acheteur ne me convenait pas.

— Tu te permets donc d'avoir des préférences entre l'argent et l'argent?

— Oui, mon oncle, attendu qu'il me semble que rien ne se ressemble moins que l'argent et l'argent.

— Ah ça! drôle que tu es, après avoir ruiné monsieur ton père — ce qui n'est pas un grand malheur, attendu que le bien mal acquis ne profite jamais — aurais-tu, par hasard, la prétention de me dépouiller à mon tour ?

— Non, mon oncle, soyez tranquille, dit en riant Pétrus.

— Et quel était cet acheteur qui ne vous convenait pas, monsieur le difficile.

-- Le ministre de l'intérieur, mon oncle.

— Le ministre de l'intérieur a voulu t'acheter ton tableau, mais il se connaît donc en peinture ?

— Je vous ai dit que c'était sur la recommandation de lady Grey.

— C'est vrai ; et tu as refusé ?

— J'ai refusé, oui, mon oncle.

— Et peut-on savoir la raison ae ce refus ?

— Votre opposition, mon oncle.

— Et qu'a donc à faire mon opposition avec vos tableaux ?

— Il m'a semblé que cet achat d'un tableau au neveu était une flagornerie faite à l'oncle ; nous avons à la Chambre des gens incorruptibles pour eux, et qui ont cent mille francs de places dans leur famille.

Le général réfléchit pendant un instant, et un sourire de satisfaction éclaira son visage.

— Écoute, Pétrus, dit-il du ton le plus paternel, je ne veux pas t'imposer mes opinions, mon enfant, et bien que je sois l'ennemi archarné du ministère en général, et du ministre de l'intérieur en particulier, je ne veux pas que tu refuses, à cause de moi, les encouragements que le gouvernement croit devoir donner aux hommes de mérite. Je ne partage pas la sotte opinion de ceux qui prétendent qu'un artiste ne doit accepter ni un travail, ni la croix, parce que le ministère ne représente pas son opinion; or, comme en tout cas le ministre représente le pays, c'est du pays que l'on reçoit, et non du ministre. C'est le ministre qui commande les tableaux, c'est vrai, mais c'est la France qui les paie.

— Eh bien, mon oncle, je ne veux rien recevoir de la France, elle est trop pauvre.

— Dis trop économe.

— Et puis que deviennent toutes ces malheureuses toiles, commandées par les deux ou trois générations de directeurs des Beaux-Arts que nous avons vu fleurir; on n'en sait rien. A moins que les tableaux ne soient signés d'un grand nom, on les enfouit dans des musées de sous-préfecture, dans des musées de chefs-lieux de canton; peut-être même qu'on gratte la peinture, et qu'on revend les cadres et les toiles. Sérieusement, mon oncle, je n'ai pas fait un tableau pour qu'il aille meubler un réfectoire de couvent ou une école mutuelle.

— Si tous les peintres étaient comme

toi, mon cher ami, je voudrais bien savoir ce que deviendraient les galeries de province.

— On en ferait des serres, mon cher oncle, avec des orangers, des grenadiers, des bananiers, des ravenalas, des palmiers, ce qui vaudrait bien, je vous le jure, les paysages de quelques peintres de ma connaissance. D'ailleurs, je ne suis pas le seul qui fasse de ces choses-là, et je n'ai fait que suivre l'exemple qu'un plus illustre que moi venait de me donner.

— Voyons l'exemple, cela me fera peut-être attendre plus patiemment le potage; d'abord, quel est ce plus illustre que toi ?

— Abel Hardy.

— Le fils du conventionnel ?

— Justement.

— Qu'a-t-il fait ?

— Il a refusé la croix et quatre fresques à la Madeleine.

— Vraiment ?

— Oui, mon oncle.

— Quel âge as-tu, Pétrus ?

— Vingt-six ans, mon oncle.

— Eh bien ! mon enfant, je te trouve jeune pour ton âge. Ce n'est pas un malheur irréparable, heureusement, vu que l'on vieillit toujours assez vite.

— Que voulez-vous dire ?

— Que tu ferais bien, mon cher Pétrus, de te tenir en garde contre les appréciations irréfléchies que tu fais, ou que tu acceptes toutes faites sur les hommes et sur les choses. Quand il t'arrive de t'engouer de quelqu'un, et cela t'arrive assez souvent, Dieu merci, tu vois en lui, pauvre niais, toute la candeur que tu as en toi. Ainsi, par exemple, en ce moment, ton amitié pour Abel Hardy vient de te faire dire une de ces sottises dont j'eusse rougi pour toi si nous eussions eu un témoin, ce témoin-là eût-il été Frantz, mon brosseur, ou Croupette, ce chien de la marquise qui fait tourner les sauces de mon cuisinier, parce qu'il sent le musc.

— Je ne vous comprends pas, mon oncle.

— Tu ne me comprends pas; apprends d'abord, cher ami, qu'on ne refuse pas la croix, attendu qu'on ne la donne que quand on la demande ; quand tu la voudras, tu la feras demander par la maîtresse du directeur des Beaux-Arts, ou par le sacristain de Saint-Acheul, et tu l'auras.

— Vous doutez de tout, mon oncle.

— Mon ami, on n'a pas vu, tu comprends bien, la Révolution, le Directoire, le Consulat, le Consulat à vie, l'Empire, la Restauration, les Cent-Jours et Waterloo, sans avoir le droit de douter de beaucoup de choses, et même des gouvernements; à mon âge, comme tu auras vu probablement autant de gouvernements que moi, tu seras aussi sceptique que moi.

— Bon pour la croix ; mais les fresques, mon oncle ; j'ai vu la commande.

— Revenons donc aux quatre fresques ; ton ami les a refusées ?

— Refusées.

— Parce que ? Il y a une raison à son refus ?

— Sans doute ; parce qu'il ne veut rien faire pour un gouvernement qui empêche

M. Horace Vernet, notre peintre national, d'exposer ses batailles de Montmirail, de Hanau, de Jemmapes et de Valmy.

— Mon cher Pétrus, ton ami Abel Hardy a refusé les fresques de la Madeleine parce que l'empereur de Russie, dont le gouvernement, tu en conviendras, n'est pas beaucoup plus libéral que le nôtre, lui a commandé un tableau de la Retraite de Russie, et qu'il lui paie ce tableau trente mille francs, tandis que le gouvernement ne payait que dix mille francs les fresques de la Madeleine. Voyons, mon cher ami, conviens-en, ceci n'est point du patriotisme, c'est de la tenue de livres.

— Oh! mon oncle, je connais Abel, et j'en répondrais sur ma vie.

— Bien que tu sois le fils de ton père, c'est-à-dire d'un infâme écumeur de mer, ta vie m'est trop précieuse, mon cher Pétrus, pour que je te permette de l'exposer si légèrement.

— Vous êtes un cœur desséché, mon oncle, vous ne croyez plus à rien.

— Tu te trompes, je crois à ton affection, et ton affection est d'autant plus désintéressée, que je ne t'ai jamais donné et ne te donnerai jamais rien de mon vivant, excepté mon dîner, quand tu voudras bien le venir prendre, encore celui d'aujourd'hui me paraît-il bien problématique ; il y a plus, je crois à ton avenir, si tu ne gaspilles pas ton temps, ton talent, ta vie. Tu es peintre, tu exposes depuis trois ans, tu as eu la médaille d'or l'an dernier, et tu ne portes ni feutre pointu, ni pourpoint moyen-âge, ni pantalon collant, tu t'habilles comme tout le monde, enfin, de sorte que tu n'es pas obligé, quand tu sors, de courir à toutes jambes pour ne pas être suivi comme un masque par tous les polissons du quartier, c'est déjà quelque chose ; eh bien ! si avec les dispositions que tu as, mon enfant, tu veux bien ne pas dédaigner les conseils d'un vieillard qui a beaucoup vu...

— Je vous aime comme un second père, et je vois en vous mon meilleur ami.

— Ton plus vieil ami au moins, et c'est à ce titre que je te prie de m'écouter, puisque nous n'avons rien de mieux à faire.

— Je vous écoute, mon oncle.

— Je connais toutes tes relations sans en avoir l'air, mon cher Pétrus, je connais ton ami Jean Robert, je connais ton ami Ludovic, je connais ton ami... je connais tous tes amis, enfin.

— Avez-vous quelque chose à dire contre eux ?

— Moi, absolument rien ; mais pourquoi te lier avec des poètes et des carabins.

— Parce que je suis peintre, mon oncle.

— Alors, si tu veux absolument voir des poètes, fais-toi présenter chez M. le comte de Marcellus.

— Mais, mon oncle, il n'a fait qu'une ode à l'ail.

— Il est pair de France. Chez M. Briffaut.

— Il n'a fait qu'une tragédie.

— Il est de l'Académie. Tu te lies trop avec des jeunes gens, mon cher.

— Est-ce vous, mon oncle, l'admirateur de la jeunesse, jeune homme vous-même, qui, par fatuité, portez une perruque de cheveux blancs; est-ce vous qui pouvez m'adresser un pareil reproche?

— De semblables liaisons ne profitent pas, Pétrus, elles ne servent ni à la fortune ni à la gloire.

— Qu'importe! si elles servent au bonheur!

— Oui, et tu appelles le bonheur, fumer dans un atelier, accroupi à la manière des Turcs, de mauvais cigares de contrebande, en racontant l'histoire de M. Mayeux, ou boire des demi-tasses dans les cafés en faisant des théories sur l'art. Quand on a l'honneur d'être fils d'un pirate honnête homme, qui n'a pas de quoi vous nourrir, il faut soutenir l'honneur de son nom, que diable. Piraterie oblige, et nous descendons des empereurs de Constantinople. Mon cher Pétrus, crois un homme qui a connu Richelieu vieux et Lauraguais jeune; ce sont les femmes qui font notre réputation dans la société, et par suite notre fortune. Il faut en voir beaucoup, tant que tu pourras, et le plus intimement que tu pourras. Une femme bien placée, qui s'engoue de nous et qui nous prône sa coterie, c'est la prospérité en chair et en os, mon enfant. Ne te lie donc pas si facilement, songe, toutes les fois que tu fais une liaison nouvelle, aux avantages que tu peux en retirer; c'est là ce que l'on appelle la connaissance du monde, l'expérience de la vie. Profite de mon expérience et de ma connaissance du monde, à moi ; prends pied dans tous les ministères, prends langue dans toutes les ambassades, tu feras de l'opposition quand tu auras cinquante ans, et soixante mille livres de rente. Vois dans tes moments perdus quelques femmes de banquiers, une ou deux femmes de notaire, mais pas plus. Fais quelques pastels de douairières, cela te posera ; si tu ne connais pas de douairières, inventes-en. C'est dans un coin de leur boudoir que les femmes font et défont les réputations ; vois les femmes, mon cher, vois les femmes, ce sont les femmes qui font l'opinion, et, au bout du compte, l'opinion est la reine du monde.

— Mais c'est une société insociable, mon oncle, que celle que vous me proposez-là.

— La société, mon enfant, est un bois où chacun se promène, armé de son arme, l'arme de celui-ci, son esprit; l'arme de celui-là, sa fortune ; malheur à celui qui se fie à la façon dont la police est faite et qui ne prend pas ses précautions en conséquence. Le jeu de la vie, mon cher Pétrus, est comme le piquet : quelques-uns le jouent honnêtement et se ruinent, beaucoup d'autres font filer la carte et s'y enrichissent.

— Il y a cependant des hommes qui s'enrichissent, mon cher oncle, sans se livrer à ces sortes de combinaisons.

— Il faut faire la part du hasard, qui parfois se trompe, et qui entre chez un honnête homme croyant entrer chez un fripon. Il y a des portes qui se ressemblent.

— Si la société est telle que vous le dites, mon oncle, mieux vaut tout quitter et s'en aller planter des choux et des carottes.

— C'est cela. Et vivre dans l'espérance de les manger, n'est-ce pas? Eh bien, c'est encore une illusion qui t'échappera ; tu croiras les manger tendres, ils seront durs.

— Oh! que vous avez dû souffrir pour en arriver là, mon cher oncle, dit Pétrus.

— Non ; seulement, je meurs de faim, dit le général.

— Monsir le chénéral il être servi, dit

Frantz ouvrant la porte, avec un visage aussi joyeux que peut l'avoir un caporal autrichien, qui ne porte plus ni galons ni croix.

— Allons, viens, dit le général en prenant le bras de son neveu, nous reprendrons la conversation au dîner, et peut-être alors verrai-je le monde sous un autre jour.

Morbleu ! je comprends ceux qui font des révolutions, sous le prétexte qu'ils ont faim !...

V

Où l'oncle et le neveu continuent dans la salle à manger la conversation du salon.

Le général et son neveu entrèrent bras dessus, bras dessous dans la salle à manger.

Le général pesait sur le bras de Pétrus

de tout le poids d'un homme qui ne se soutient plus.

Il s'assit dans son fauteuil à sa place habituelle, et fit signe à son neveu de s'asseoir en face de lui.

Le général commença par avaler silencieusement deux grandes assiettes d'une bisque aux écrevisses qui suffisait à prouver que le cuisinier, lui aussi, était un grand artiste.

Puis il se servit un verre de madère, qu'il dégusta lentement, s'en versa un second verre et passa la bouteille à son neveu, en l'invitant à en faire autant que lui.

Pétrus se versa un verre de madère et l'avala avec une insouciance qui révolta visiblement son oncle, lequel apportait d'habitude la plus grave et la plus religieuse attention aux choses de la table.

— Frantz, dit le général, donnez à M. Pétrus une bouteille de marsalla, il n'en fera pas de différence avec du vrai madère.

C'était sa façon de dégrader Pétrus de sa dignité de buveur, comme il avait dégradé Frantz de son grade de caporal.

Pétrus accepta la catastrophe avec une profonde résignation.

Le général passa presque de la colère au mépris.

Cependant il tenta une seconde épreuve.

On venait de lui apporter une bouteille de haut-Laffitte tiédie à point. Il s'en servit un verre comme il l'avait fait du madère, le dégusta en homme qui en apprécie les qualités suprêmes, fit clapper sa langue et dit à son neveu :

— Tends ton verre.

Pétrus, préoccupé, tendit son verre à vin ordinaire.

— L'autre, dit le général, le verre mousseline, malheureux?

Pétrus tendit le verre mousseline, qui, par la finesse de sa forme, par la transparence de son cristal, méritait son nom plutôt deux fois qu'une.

Puis, le verre plein, il le reposa devant lui.

— Mais bois donc tout de suite, dit le général.

Pétrus ne songea nullement que cette recommandation de son oncle fût pour empêcher le vin de se refroidir ou de s'évaporer ; il pensa seulement que son oncle s'inquiétait de l'avoir vu manger d'un ou deux plats sans boire.

Il abaissait une recommandation gastronomique à la simple hauteur d'une mesure d'hygiène.

Aussi, obéissant à son oncle, et sentant qu'en effet, le piment dont était assaisonné le karick à l'indienne qu'il venait de déguster, lui avait laissé une certaine flamme dans la gorge, il transvasa son vin du petit dans le grand verre, remplit le grand verre d'eau fraîche, et l'avala d'un trait.

— Ah ! scélérat ! s'écria le général.

— Quoi donc, mon oncle? demanda Pétrus presque effrayé.

— Mais si ton corsaire de père n'avait pas constamment fait ses courses dans la Manche, je croirais qu'il a rapporté du cap un chargement de vin de Constance, ou de la mer Noire une pacotille de vin de Tokay, et que tu as été nourri au biberon avec du nectar.

— Pourquoi donc cela, mon oncle.

— Comment, malheureux ! je té verse un verre de haut-Laffitte, du même qui a été mis en cave aux Tuileries en 1811, l'année de la comète; du vin qui vaut douze francs la bouteille dans ma cave; mais qui tiédi et servi à point, n'a pas de prix, et tu bois ce vin-là avec de l'eau ! Frantz, tâche de te procurer du vin de Suresne, et désaltères-en mon neveu.

Puis, avec mélancolie :

— Frantz, dit le général, retiens bien ceci : L'homme boit, l'animal s'abreuve.

— Excusez-moi, mon oncle, dit Pétrus, j'étais profondément distrait.

— C'est poli, ce que tu me dis là.

— C'est plus que poli, mon oncle, c'est galant: J'étais distrait, parce que je pensais à notre conversation de tout à l'heure.

— Flatteur, dit le général.

— Non, parole d'honneur, mon oncle, vous disiez donc?

— Je ne sais plus ce que je disais; seulement, comme j'avais faim, il est probable que je disais des bêtises.

— Vous me disiez, mon oncle, que j'avais tort de déserter le monde.

— Ah! oui ; parce que tu comprends bien ceci, mon cher enfant, l'individu a toujours besoin du monde, c'est-à-dire la généralité ; tandis que la généralité, c'est-à-dire le monde n'a jamais besoin de l'individu.

— Ceci, mon oncle, est d'une vérité incontestable.

— Ah! ceci n'est point une raison : il n'y a que les vérités incontestables qui aient été contestées avec acharnement ; témoin Colomb, à qui on a contesté l'existence de l'Amérique ; Galilée, a qui on a contesté le mouvement de la terre ; Hervey à qui on a contesté la circulation du sang ; Jenner, à qui l'on a contesté la vaccine ; et Fulton, à qui l'on a contesté la vapeur.

— Vous êtes prodigieux, mon oncle ! dit Pétrus avec une certaine admiration pour la verve de ce spirituel vieillard.

— Merci, mon neveu. Eh bien, je te disais donc, ou je ne te disais pas, cela ne fait rien, puisque je te le dis maintenant, que je t'avais présenté chez madame Lydie de Marande, une des plus jeunes, des plus jolies, des plus influentes femmes de l'époque. Tu y as été naturellement le jour de ta présentation, tu y as mis ta carte, et tu n'y es pas retourné. Elle reçoit la meilleure compagnie.

— Oh! mon oncle, dites la plus mauvaise; elle reçoit tout le monde, on dirait un salon de ministre.

— Mon cher neveu, j'ai causé de toi assez longtemps avec madame de Marande ; elle t'a trouvé de figure agréable, mais elle n'aime pas ta tournure.

— Voulez-vous que je vous donne une idée du goût de madame de Marande ?

— Donne.

— Son mari avait acheté la *Locuste* de Sigallon, un chef-d'œuvre, elle n'a pas eu de tranquillité qu'il ne l'ait rendu à l'auteur, sous prétexte que ce n'était point un sujet agréable à voir.

— C'était vrai.

— Comme si le *Saint Barthélemy* de l'Espagnolet était une chose réjouissante.

— Mais aussi, je ne voudrais pas avoir le *Saint Barthélemy* de l'Espagnolet dans ma salle à manger.

—Eh bien, mon oncle, tâchez de l'avoir, vous me le donnerez.

— Je m'en occuperai, mais à condition

que tu retourneras chez madame de Marande.

— Je commençais à l'aimer, mon oncle, et vous allez me la faire haïr.

— Pourquoi cela?

— Une femme qui reçoit un artiste et qui ne voit en lui qu'un visage agréable et une mauvaise tournure.

— Eh! que diable veux-tu qu'elle y voie? Qu'est-ce que madame de Marande? une Madeleine en puissance de mari et en impuissance de repentir; est-ce qu'elle s'occupe d'art, elle? Elle voit un jeune homme, elle le regarde ; quand tu vois un cheval, tu le regardes aussi.

— Oui, mais si beau qu'il soit, j'aime mieux une frise de Phidias.

— Et quand tu vois une jeune et jolie femme, aimes-tu mieux une frise de Phidias?

— Ma foi, mon oncle...

— N'achève pas, ou je te renie pour mon neveu. Madame de Marande a raison et tu as tort, il y a en toi un peu trop d'artiste, et pas assez d'homme du monde; ta démarche a une sorte de laisser-aller qu'on peut pardonner à un étudiant, mais qui ne sied pas à un homme de ton âge et de ton nom.

— Vous oubliez, mon oncle, que je me nomme du nom de mon père et non du vôtre; et si l'on doit être sévère sur la tournure d'un descendant de Josselin III, on doit être indulgent sur celle du fils d'un écumeur de mer, comme vous appellez mon père. Je m'appelle Pétrus Herbel, mon oncle, et non le vicomte Herbel de Courtenay.

— Tout cela n'est pas une raison, mon

neveu, il y a beaucoup du caractère de l'homme dans sa démarche, dans la façon de se tenir, de porter la tête, de mouvoir les bras; un ministre marche autrement que ses employés un cardinal autrement qu'un abbé, un garde des sceaux autrement qu'un notaire. Voudrais-tu par hasard, marcher comme un huissier où comme un garde du commerce; tiens, par exemple, tes vêtements sont fabriqués d'une façon pitoyable, ton tailleur n'est qu'un âne.

— C'est le vôtre, mon oncle...

— Ah! la belle réponse; que je te donne mon cuisinier comme je t'ai donné mon tailleur, et au bout de six mois mon cuisinier sera un droguiste. Fais venir M. Smith.

— Je m'en garderai bien, il vient assez sans que je le fasse venir.

— Bon! nous avons des dettes chez notre tailleur.

— Voulez-vous que je lui dise de passer chez vous, en venant chez moi?

— Ma foi j'en suis tenté.

— Ah! mon oncle, la belle tentation que vous avez là!

— Nous verrons cela tout à l'heure. Je te disais donc, fais venir ton tailleur, et demande-lui : Qui est-ce qui fait les habits de mon oncle? S'il te répond : c'est moi, M. Smith est un fat ; c'est comme si mon cuisinier me disait que c'est lui qui fait ma cuisine. Ce qui fait mes habits, mon cher, c'est manière de les porter ; fais comme moi, qui ai soixante-huit ans, Pétrus, donne la valeur de l'élégance à ce que tu portes, et tu seras un charmant cavalier, que tu t'appelles Herbel ou Courtenay.

— Quelle coquetterie pour moi, mon oncle!

— C'est comme cela, que veux-tu?

— Mais à propos de quoi vous occcupez-vous de mes habits ? Voudriez-vous faire de moi un dandy, par hasard ?

— Tu tombes toujours dans les extrêmes. Je ne veux pas faire de toi un dandy, je veux faire de toi un homme élégant, mon neveu. Songe donc que lorsque les gens qui nous connaissent te voient passer, ils disent à ceux qui ne nous connaissent pas :

— Voyez-vous ce jeune homme ?

— Oui.

— Eh bien, il a un oncle qui pèse cinquante mille livres de rentes.

— Oh ! mon oncle, qui dit cela ?

— Toutes les mères qui ont des filles à marier, monsieur.

— Bon, et moi qui vous écoutais sérieusement, mon oncle. Tenez, vous n'êtes qu'un égoïste.

— Comment cela ?

— Je vous vois venir, vous voulez vous débarrasser de moi, vous voulez me marier.

— Eh bien, quand cela serait ?

— Je vous répéterais ce que je vous ai déjà dit cent fois depuis un an : Non, mon oncle.

— Eh! mon Dieu, tu diras cent fois, mille fois, dix mille fois non, et un beau jour tu diras oui.

Pétrus sourit.

— C'est possible, mon oncle; mais jusqu'à présent, rendez-moi cette justice d'avouer que j'ai dit non.

— Tiens, tu es un brigand comme ton père. Je te vois venir; tu as dessein, un jour que tu trouveras ta belle, de forcer mon secrétaire. Voyons, pourquoi cet entêtement à rester garçon ? A la fin tu me feras perdre patience.

— Mais vous êtes bien resté garçon, vous ?

— Parce je m'en rapportais à ton père et à toi de perpétuer la race des Courtenay. Comment, je m'occupe de te chercher une femme, je te trouve une jeune fille remplie d'esprit qui te tend les deux mains, qui t'apporte cinq cent mille francs dans chaque main, et tu refuses cette estimable personne ! Mais sur qui comptes-tu donc ? sur la reine de Saba ?

— Que voulez-vous, mon oncle, la jeune fille était laide, moi je suis peintre, vous comprenez?

— Non, je ne comprends pas.

— La forme avant tout.

— Alors, bien décidément, tu ne veux pas épouser ce million-là ?

— Non, mon oncle.

— Eh bien, soit, je t'en chercherai un autre.

— Hélas! mon oncle, je sais bien que

vous le trouverez ; mais laissez-moi vous dire ceci: ce n'est pas la mariée que je n'aime pas, c'est le mariage.

— Mais tu es donc un sacripant comme ton père ? mais tu ne fais donc pas attention que tu attentes froidement aux jours de ton oncle ? Comment, j'aurais jeté dans ce gouffre qu'on appelle un neveu, le fruit de soixante ans d'expérience, je l'aurai aimé comme un propre fils, je me serai brouillé pour lui comme je viens de le faire avec une amie, je me trompe, avec une ennemie de quarante ans, et le drôle ne me sera point agréable une fois dans sa vie ! Je ne lui ai jamais demandé qu'une chose, c'est de se marier, et il refuse ! mais tu n'es donc qu'un bandit! Je veux que tu te maries, te dis-je, je l'ai mis dans ma tête, et tu te marieras, ou tu diras pourquoi.

— Mais je viens de vous le dire, mon oncle.

— Écoute, si tu ne te maries pas, je te désavoue, je te renie, je ne vois plus en toi qu'un héritier, c'est-à-dire un ennemi armé contre mes cinquante mille livres de rente, et je me marie moi-même comme mesure de sûreté, j'épouse ton millon.

— Vous m'avez avoué tout à l'heure que la jeune fille était laide, mon oncle.

— Mais une fois ma femme, je ne l'avouerai plus.

— Et pourquoi cela, mon oncle ?

— Parce qu'il ne faut jamais dégoûter les autres de ce qui ne vous convient pas. Voyons, Pétrus, sois bon garçon ; si tu ne te maries pas pour toi, marie-toi pour ton oncle ?

—Vous me demandez justement la seule chose que je ne puis faire pour vous.

— Mais donne-moi au moins une raison valable, mille millions de tonnerres !

— Mon oncle, je ne veux pas tenir ma fortune d'une femme.

— Et pourquoi cela ?

— Parce qu'il me semble qu'il y a quelque chose de honteux dans ce calcul.

— Pas mal pour le fils d'un pirate. Eh bien, je te dote, moi.

— Oh ! mon oncle.

— Je te donne cent mille francs.

— Je suis plus riche, garçon, sans vos cent mille francs, que je ne le serais étant marié, avec cinq mille livres de rente de plus.

— Je t'en donne deux cent mille, je t'en donne trois cent mille, je te donne la moitié de ma fortune s'il le faut, je ne suis pas Breton pour rien.

Pétrus prit la main de son oncle et la lui baisa tendrement.

— Tu me baises la main, ce qui veut dire : Allez vous promener, mon oncle, et plus vous irez loin, plus vous me ferez plaisir.

— Oh ! mon oncle.

— Ah ! j'y suis ! s'écria le général en se frappant le front.

— Je ne crois pas, mon oncle, répondit Pétrus en souriant.

— Tu as une maîtresse, malheureux !

— Vous vous trompez, mon oncle.

— Tu as une maîtresse !

— Je vous jure que non !

— Je la vois d'ici. Elle a quarante ans, elle te tient dans ses serres, vous vous êtes juré de vous aimer toujours, vous vous croyez seuls au monde, et vous vous figurez que les choses dureront ainsi jusqu'au jour où sonnera le buccin du jugement dernier.

— Pourquoi quarante ans, mon oncle ? demanda Pétrus en riant.

— Parce qu'il n'y a qu'à quarante ans qu'on croie à l'éternité de l'amour, les femmes, bien entendu ; ne ris pas, c'est là ton ver rongeur. Je suis certain de ce que je dis : en ce cas, mon ami, ajouta le général avec un air de profonde compassion, je ne te blâme plus, je te plains; et il ne me reste qu'à attendre tranquillement la mort de ton infante.

— Eh bien, mon oncle...

— Quoi ?

— Puisque vous êtes si bon.

— Tu vas me demander ton consentement pour épouser ta grand'mère, malheureux !

— Non, soyez tranquille.

— Tu vas me supplier de reconnaître les enfants que tu as eus.

— Mon oncle, rassurez-vous, je n'ai pas le bonheur d'être père.

— Est-ce que l'on est jamais sûr de

cela ? Au moment où tu es entré, la marquise de la Tournelle voulait bien me persuader...

— Quoi ?

— Rien. Continue, je m'attends à tout. Seulement, si la chose est trop grave, remets-la à demain, pour ne pas troubler ma digestion.

— Vous pouvez entendre sans émotion ce que je vais vous dire, mon oncle.

— Alors, parle. Un verre d'alicante, Frantz ; je veux entendre ce que mon neveu a à me dire dans les meilleures dispositions possibles. Là, c'est bien ; parle, maintenant, Pétrus, continua tendrement le général en mirant, aux flammes du candélabre, le rubis contenu dans son verre ; ta maîtresse ?

— Je n'ai pas de maîtresse, mon oncle.

— Mais qu'as-tu donc, alors ?

— J'ai, mon oncle, j'ai depuis six mois, pour une personne qui le mérite sous tous les rapports, une de ces passions, voyez-vous...

— Non, je ne vois pas, dit le général.

— Qui n'aura probablement aucun résultat.

— Eh bien, mais alors ta passion est du temps perdu.

— Non, pas plus que n'a été du temps perdu la passion de Dante pour Béatrix, de Pétrarque pour Laure, de Tasse pour Eléonore.

— C'est-à-dire que tu ne voulais pas épouser une femme et lui devoir ta fortune, tandis que tu veux bien avoir une maîtresse et lui devoir ta réputation; est-ce bien logique, Pétrus, ce que tu fais là?

— On ne peut plus logique, mon oncle.

— Et quel chef-d'œuvre dois-tu déjà à ta Béatrix, à ta Laure, à ton Eléonore ?

— Vous souvenez-vous de mon tableau du Croisé ?

— C'est ton meilleur, depuis que tu l'as retouché, surtout.

— Le visage de la jeune fille qui puise de l'eau à la fontaine a paru vous satisfaire complètement.

— C'est vrai, il m'a singulièrement plu.

— Vous m'avez demandé où j'avais pris mon modèle.

— Et tu m'as répondu que tu l'avais pris dans ton imagination, ce qui, soit dit en passant, m'a paru assez fat.

— Eh bien, je vous avais indignement trompé, sournoisement trompé mon bon oncle.

— Scélérat !

— Mon modèle, c'était elle, mon oncle.

— Elle, qui, elle ?

— Vous voulez que je vous dise son nom ?

— Comment ! si je le veux, je le crois bien !

— Remarquez que je n'ai ni espérance d'être jamais son mari, ni la prétention d'être jamais son amant.

— Raison de plus pour la nommer ; il n'y a pas d'indiscrétion, avec un pareil préambule.

— C'est mademoiselle...

Pétrus s'arrêta tout tremblant; il lui semblait qu'il allait commettre un crime.

— C'est mademoiselle?.... répéta le général.

— Mademoiselle Régina.

— De Lamothe-Houdon?

— Oui, mon oncle.

— Ah! s'écria le général en se renversant violemment en arrière, ah! bravo, mon neveu. Si nous n'avions pas la table entre nous deux, je te sauterais au cou et je t'embrasserais.

— Que voulez-vous dire, mon oncle?

— Ah! je dis qu'il y a un Dieu pour les honnêtes gens.

— Je ne vous comprends pas.

— Je dis que tu seras, mon enfant, mon Rodrigue, mon vengeur.

— Expliquez-vous par grâce.

— Mon ami, demande-moi tout ce que tu voudras ; tu viens de me faire le plus grand plaisir que j'aie éprouvé de ma vie.

— Oh! mon oncle, croyez que j'en suis aux anges. Alors je puis continuer ?

— Non, pas ici, mon enfant. Je suis un philosophe de l'école d'Epicure, un fils de la molle cité que l'on appelle Sybaris; la fraîcheur de ton récit s'accorderait mal avec l'odeur du gigot et de la choucroute, passons au salon. Frantz, d'excellent café, mon garçon, des liqueurs les plus fines, les plus parfumées. Frantz, tu peux remettre ta croix, recoudre tes galons, je te pardonne en faveur de mon neveu... Viens Pétrus, cher enfant de mon cœur. Ainsi, tu dis donc que tu aimes mademoiselle Régina de Lamothe-Houdon?

Et, ce disant, le général jeta son bras

autour du cou de Pétrus, avec autant de grâce et d'élégance, et nous dirons presque de jeunesse, que le fait Pollux autour du cou de Castor, dans ce beau groupe antique, chef-d'œuvre d'un maître inconnu.

Et tous deux passèrent devant Frantz, qui, la main gauche à la couture de sa culotte, la main droite à son front, les regarda passer, le visage rayonnant de joie et de fierté, en murmurant :

— Oh! mon chénéral, mon chénéral!

V

Pendant le café.

Le général l'avait dit : il était bien véritablement un disciple de l'école d'Anacréon, un citoyen de la voluptueuse Sybaris.

Il eût pu ajouter, un rival de Brillat-Savarin et de Grimod de la Reynière.

Tout chez lui, indiquait dans les moindres détails une profonde étude du comfortable et de la recherche.

De même qu'il ne croyait devoir boire le bordeaux haut-Laffitte que dans ces verres mousseline où la transparence se joint à la téniuté du cristal, pour ne rien faire perdre aux yeux et aux lèvres de la couleur et du parfum du vin ; il n'eût pas pris son café dans un autre récipient que dans une tasse de Chine ou de vieux Sèvres.

Le café attendait donc, fumant et parfumé, dans une cafetière de vermeil, en compagnie d'un sucrier de même métal, de deux fines tasses aux fleurs d'or, et de quatre carafons de liqueurs différentes.

— Ah! dit-il en poussant son neveu sur un fauteuil, assieds-toi là, moi ici, et prenons notre café en philosophes qui apprécient ce qu'il a fallu de temps, d'événements, d'hommes de génie, de grands rois, de soleils ardents, pour préparer ces deux substances savoureuses cueillies aux deux antipodes du monde, et qu'on appelle le Martinique et le Moka.

Mais Pétrus était dans un tout autre ordre d'idées.

— Mon bon oncle, dit-il, croyez que

dans un autre moment j'apprécierais comme vous, quoique moins savamment et moins philosophiquement, tout l'arome de cette divine liqueur ; mais à cette heure, vous devez comprendre que toutes mes facultés physiques et morales sont concentrées dans cette question, que je vais vous renouveler :

Que peut-il y avoir, dans mon amour pour mademoiselle de Lamothe-Houdon, qui vous rende si joyeux ?

— Je t'expliquerai cela tout à l'heure, quand j'aurai pris mon café ; tu sais ce que je te disais, avant de me mettre à table, à propos de l'influence qu'un bon repas pouvait avoir sur la manière dont on envisage les choses.

— Oui.

— Eh bien, mon ami, maintenant que j'ai dîné, je vois tout en rose, et je te fais mon compliment bien sincère; laisse-moi prendre mon café, et alors, je te dirai pourquoi je te fais mon compliment.

— Vous la trouvez donc belle, mon oncle, demanda Pétrus se laissant aller à cette douce pente que descendent, sans s'en apercevoir, les amoureux en parlant de leur amour.

— Si je la trouve belle ! de par le diable, je serais bien difficile, mon cher. Peste ! c'est tout simplement une des plus ravissantes femmes de Paris, et en me remémorant son visage, je trouve qu'elle ressemble à cette nymphe d'Ovide...

— Oh ! mon oncle, à personne; n'abaissez pas ce visage céleste, en le comparant même à une demi-déesse.

— Allons, allons, mon enfant, tu es bien amoureux, tant mieux, tant mieux ! J'aime à voir la jeunesse et la force, dans l'exercice moral de cette puissante faculté qu'on appelle l'amour. Eh bien, soit ! elle ne ressemble point à une nymphe d'Ovide, c'est au contraire une héroïne de roman moderne dans toute l'acception du mot.

— Oh ! mon oncle, bien au contraire, et surtout ce qui me ravit en elle, c'est qu'elle ne se modèle en rien sur ce qu'elle a vu ni lu.

— Comment, coquin ! tu te permets d'aimer une femme sans la permission de ton oncle, et tu ne veux pas même lui permettre de chercher à qui elle ressemble !

— J'avais bien raison d'être discret avec vous, mon cher oncle, j'étais sûr d'être grondé.

— Dis envié, heureux coquin ; il n'y a que ces fils de pirates pour avoir du bonheur. Donc, nous posons d'abord ce fait : te voilà amoureux, très amoureux.

— N'appelez pas, cher oncle, je vous prie, le sentiment que j'ai pour Régina, de l'amour.

— Ah ! non plus : comment veux-tu que je l'appelle, voyons ?

— Je n'en sais rien, mon oncle, mais l'amour, n'est-ce pas de ce nom grossier que les hommes les plus vulgaires nomment leurs instincts matériels, leurs fantaisies brutales ? Croyez-vous que j'aie, pour cette ravissante créature, le même sentiment qu'éprouve votre portier pour sa femelle ?

— Bravo ! Pétrus ; va, mon enfant, va, je ne saurais te dire à quel point tu me réjouis. Ainsi, ce n'est point de l'amour que tu éprouves pour Régina ; eh bien, explique-moi ce que c'est ; moi, grossier matérialiste, homme de l'autre siècle, j'avais cru jusqu'ici que l'amour était la combinaison matérielle et immatérielle de ce qu'il y avait de plus pur dans l'homme, comme ce café est ce qu'il y a de plus subtile dans la plante qui pousse sur la terre et le soleil qui brille au ciel. Je m'étais trompé, tant mieux. Il y a un autre sentiment plus céleste, plus éthéré, plus ardent que celui-là ; je demande à faire connaissance avec lui, désespéré d'avoir attendu si tard pour me le faire présenter.

—Vous vous moquez de moi, mon oncle.

— Oh ! par exemple !

— Mais ce que je vous dis est vrai, sur ma parole. Ce que j'éprouve pour Régina est un sentiment qui n'a pas de nom dans la langue, nouveau, doux, frais, suave, sublime comme elle, qui n'existait pas avant elle, qui n'a pu être inspiré que par elle. Oh ! mon oncle, vous dites que, malgré votre expérience, ce sentiment vous est inconnu ; cela ne m'étonne pas, car aucun homme, à ce que je crois, n'a éprouvé ce que j'éprouve.

— Je t'en fais mon compliment bien sincère, mon ami, dit le général, en savourant les dernières gouttes de son café, et, je te le répète, tu me causes, à plusieurs points de vue différents, une joie véritable, la première que je te doive. Ne prends donc pas à la lettre ce que je t'ai dit du monde avant de nous mettre à table, mon ami ; c'était le cauchemar d'un estomac creux. Ah ! continua le vieux gentilhomme en s'étalant dans son fauteuil et en clignant béatiquement les paupières, je crois que je ne hasarde rien en disant que lorsque j'aurai pris cette pincée de tabac d'Espagne, je serai véritablement et complétement heureux.

— Croyez, mon oncle, dit Pétrus, que je vous remercie de toute mon âme de vouloir bien prendre une part si vive à mon bonheur.

— Tu te trompes, mon cher Pétrus, ou plutôt tu n'es pas à mon point de vue.

Vous me faisiez la grâce de me dire, mon oncle, que vous étiez complétement heureux.

Oui, mais ce n'est pas ton bonheur seul qui me réjouit si fort.

— Qu'est-ce donc, mon oncle ?

— C'est la sournoise pensée que ce bonheur va faire le tourment d'un autre.

Pétrus regarda son oncle avec des yeux interrogateurs.

— Or, continua le général, cet autre étant mon ennemi intime, tout ce qui peut lui arriver de désagréable me remplit de satisfaction. Tu vois, mon ami, que je ne prends de ton bonheur que la part qui me revient; ne me garde donc aucune reconnaissance, et continue ton récit, après avoir goûté de ce rhum, dont tu me diras des nouvelles. J'écoute.

Le général, toujours renversé dans son fauteuil, croisa ses mains sur son ventre, fit tourner ses deux pouces l'un autour de l'autre et écouta effectivement.

— C'est étrange, mon oncle, dit Pétrus, je ne sais quelle est votre pensée, mais j'ai comme un pressentiment qu'il va m'arriver quelque grand malheur.

— Ce qui t'attend est, en effet, un bonheur ou un malheur, selon la façon dont tu l'envisageras. Mais, heureux ou malheureux, je ne veux pas te porter le coup sans t'y avoir préparé, autrement dit, je ne t'apprendrai la vérité que quand tu auras achevé ton récit.

— Mais je n'ai point de récit à vous faire, moi, mon oncle ; je vous ai dit tout ce que j'avais à vous dire. J'aime, voilà tout.

— Il y a pourtant une chose assez importante que tu as omise, mon très cher.

— Laquelle, mon oncle ?

— Tu m'as bien dit que tu aimais, c'est vrai, mais tu as oublié de me dire si tu étais aimé.

Le visage de Pétrus se couvrit à ces mots d'une rougeur qui n'était qu'une longue et indiscrète réponse.

Mais comme le visage de Pétrus était dans l'ombre, le général ne le vit pas.

— Que voulez-vous que je vous dise, mon oncle?

— Comment, ce que je veux que tu me dises? Je veux que tu me dises si elle t'aime.

— Je ne le lui ai jamais demandé.

— Et tu as bien fait, mon garçon ; en effet, ces choses-là ne se demandent pas, elles se devinent, elles se sentent. Maintenant qu'as-tu senti, qu'as-tu deviné ?

— Sans dire que le sentiment que j'ai inspiré à mademoiselle de Lamothe-Houdon soit de la nature de celui que j'éprouve, dit Pétrus d'une voix tremblante, je crois cependant que Régina me voit avec plaisir.

— Pardon, c'est à ton tour toi qui ne me comprends pas très bien. Je vais, en conséquence, préciser ma question : Crois-tu, par exemple, que la situation offerte et ac ceptée telle qu'elle est, c'est-à-dire dans les conditions d'une sympathie réciproque, mademoiselle de Lamothe-Houdon, au cas où tu demanderais sa main, t'accepterait pour mari?

— Oh! mon oncle, nous n'en sommes pas là.

— Mais si les jours succèdent aux jours et les nuits aux nuits avec leur régularité ordinaire, vous en viendrez là, mes enfants, un jour ou une nuit.

— Mon oncle...

— Tu ne veux pas l'épouser?

— Mais, mon oncle...

— N'en parlons plus, libertin !

— Mon oncle, je vous en supplie !

— Parlons-en, alors ?

— Eh bien, oui, parlons-en, car vous venez de toucher à une de mes espérances, que je n'osais pas même entrevoir en rêve.

— Ah ! Je te demande donc, mon cher neveu, si, dans le cas où tu demanderais en mariage mademoiselle Régina de Lamothe-Houdon, tu crois, dans ton âme et conscience, qu'elle t'accepterait pour mari? Remarque bien, mon cher neveu, que la prétention ne serait nullement orgueilleuse ; bien que ton malheureux père soit un profond scélérat, tu n'en descends pas moins des Courtenay, mon garçon; nos aïeux ont régné à Constantinople, les Josselin avaient des cheveux blancs, que les Lamothe-Houdon n'avaient pas encore poussé leurs dents de lait; ils croisent des bâtons de maréchal de France derrière leur blason, mais nous surmontons le nôtre d'une couronne fermée.

— Eh bien, mon oncle, s'il faut vous dire toute la vérité...

— Toute, mon garçon.

— Ou du moins, ce que je pense?

— Dis-moi ce que tu penses.

— Je crois, bien que je n'aie jamais interrogé l'avenir, qu'à moins d'obstacles venant de mon mince patrimoine, mademoiselle de Lamothe-Houdon ne refuserait pas l'offre de ma main.

— Si bien, mon cher neveu, que si par aventure, ce qui n'est pas probable, je commence par te le dire, j'étoffais ce mince patrimoine d'une partie de ma fortune pendant ma vie, et de toute ma fortune après ma mort — et remarque bien que je suis à deux mille lieues d'avoir une pareille idée — de sorte que si, pour parler en termes plus précis, je te dotais et te reconnaissais pour mon héritier, cet obstacle levé, tu crois que mademoiselle de Lamothe-Houdon consentirait à t'épouser ?

— Dans mon âme et conscience, oui, mon oncle.

— Eh bien, mon cher neveu, je te répète à propos de toi, ce que je te disais à propos de ton ami qui a refusé la croix : Tu es trop jeune pour ton âge.

— Moi, mon oncle, dit Pétrus en pâlissant.

— Oui.

— Que voulez-vous dire?

— Je veux dire que mademoiselle de Lamothe-Houdon ne t'épouserait pas.

— Et pourquoi cela, mon oncle?

— Mais parce que la loi défend à la femme d'épouser deux hommes, et à l'homme d'épouser deux femmes à la fois.

— Deux hommes?

— Oui; cela s'appelle de la bigamie, de la polygamie, il y a dans M. de Pouceaugnac une chanson là-dessus.

— Mais il me semble comprendre ; que voulez-vous dire?

— Qu'avant quinze jours, mademoiselle Régina de Lamothe-Houdon sera mariée.

— Impossible! mon oncle! s'écria le jeune homme en pâlissant affreusement.

— Impossible, voilà encore une parole d'amoureux.

— Mon oncle, au nom du ciel, ayez pitié de moi, expliquez-vous !

— Il me semble que ce que je dis est bien clair, et n'a aucunement besoin d'explication : mademoiselle Régina de Lamothe-Houdon va se marier.

— Se marier ! répéta Pétrus stupéfait.

— Et je suis payé pour le savoir, Dieu merci, puisqu'elle épouse mon prétendu fils.

— Mon oncle, vous allez me rendre fou. Quel est ce prétendu fils ?

— Oh ! rassure-toi, il n'est pas reconnu, quoique sa tendre mère ait bien fait tout ce qu'elle a pu pour cela.

— Mais enfin, mon oncle, qui épouse-t-elle ?

— Elle épouse le colonel comte Rappt.

— Monsieur Rappt ?

— Monsieur Rappt lui-même, oui, mon neveu ; l'aimable, l'honnête, l'illustre monsieur Rappt.

— Mais il a vingt ans de plus que Régina.

— Tu peux même dire vingt-quatre, cher ami, attendu qu'il est du 11 mars 1786, ce qui lui fait quarante-un ans bien comptés ; et comme mademoiselle Régina de Lamothe-Houdon n'en a que dix-sept, dame, calcule toi-même.

— Et vous êtes sûr de cela, mon oncle? dit le jeune homme la tête basse, et comme foudroyé.

— Demande à Régina elle-même.

— Adieu! mon oncle, s'écria le jeune homme en se levant.

— Comment, adieu!

— Oui, je vais la trouver, et je saurai bien !...

— Plus tard, tu sauras mieux encore, fais-moi le plaisir de te remettre à ta place.

— Mais, mon oncle.

— Il n'y a plus d'oncle, quand le neveu est ingrat.

— Moi, ingrat !

— Mais certainement, ingrat. C'est être un ingrat neveu, que d'abandonner son oncle au commencement d'une digestion laborieuse, au lieu de lui offrir un verre de curaçao, pour faciliter cette digestion. Offre un verre de curaçao à ton oncle, Pétrus.

Le jeune homme laissa tomber ses deux bras.

— Oh! murmura-t-il, pouvez-vous plaisanter avec une douleur pareille à la mienne?

— Connais-tu l'histoire de la lance d'Achille?

— Non, mon oncle.

— Comment, voilà l'éducation que ton pirate de père t'a donnée ; il ne t'a pas fait apprendre le grec, lire Homère dans l'original. Tu es obligé de le lire, malheureux, dans madame Dacier ou dans M. Bitaubé ; eh bien, je vais te dire, moi, l'histoire de cette lance. Sa rouille guérissait la blessure que sa pointe avait faite. Je t'ai blessé, mon enfant, eh bien, je vais essayer de te guérir.

— Oh ! mon oncle, mon oncle, murmura Pétrus en allant tomber aux pieds du général, et en lui baisant les mains.

Le général regarda le jeune homme avec

une expression qui indiquait la profonde tendresse qu'il avait pour lui.

Puis, d'une voix calme et grave :

— Va t'asseoir, mon ami, dit-il, sois homme, nous allons causer sérieusement de monsieur Rappt.

Pétrus obéit, regagna son fauteuil en chancelant, et tomba dessus plutôt qu'il ne s'y assit.

VI

Où il est longuement question des vertus de madame la marquise Yolande Pentaltaïs de la Tournelle.

Pétrus appuya son coude sur le bras de son fauteuil, et laissa tomber sa tête sur sa main.

Le général le regarda un instant avec cette compassion du vieillard pour les maux qu'il n'éprouve plus, mais qu'il se rappelle avoir éprouvés.

— Et maintenant, dit-il, cet instant écoulé, mon cher Pétrus, prête à ce que je vais te dire une oreille attentive. Ce sera plus intéressant pour toi que ne l'était pour Didon et ses courtisans l'histoire d'Énée, et cependant, dit le poète :

Conticuere omnes, intentique ora tenebant.

— J'écoute, mon oncle, dit tristement Pétrus.

— Tu connais M. Rappt.

— Je l'ai vu deux fois dans l'atelier de Régina, répondit le jeune homme.

— Et tu le trouves outrageusement laid, n'est-ce pas? c'est naturel.

— Laid n'est pas le mot, mon oncle.

— Tu es bien généreux.

— Je dirai plus, continua Pétrus, aux yeux de beaucoup de gens pour lesquels l'expression du visage ne signifie rien, le comte Rappt peut même passer pour un bel homme.

— Morbleu! voilà comme tu parles d'un rival.

— Mon oncle, il faut être juste, même avec un ennemi.

— Ainsi, tu ne le trouves pas laid ?

— Je le trouve bien pis que cela, mon oncle, je le trouve inexpressif. Tout est froid et immobile comme le marbre dans cet homme, et semble par un certain instinct matériel tendre vers la terre. Les yeux sont ternes, le nez rond, les lèvres minces et serrées, le teint couleur de cendre ; la tête remue, jamais les traits. Si l'on pouvait recouvrir un masque de glace d'une peau vivante, mais qui a cependant cessé d'être animée par la circulation, ce chef-d'œuvre d'anatomie nous donnerait quelque chose de pareil au visage de cet homme.

— Tu flattes tes portraits, Pétrus, et si

je veux laisser un souvenir embelli de moi à la postérité, je te chargerai de lui transmettre mon image.

— Mon oncle, revenons, je vous prie, à M. Rappt.

— Bien volontiers ; mais enfin, tel que tu trouves ton rival, ne t'étonnes-tu pas que Régina consente à l'épouser ?

— En effet, mon oncle, une personne d'un goût si pur, d'une appréciation si élevée ! je n'y comprends rien ; mais, que voulez-vous ? Il y a de ces mystères-là dans les femmes et malheureusement Régina est une femme.

— Bon ! tout à l'heure, tu ne l'acceptais pas comme une demi-déesse, et voilà que, parce qu'elle ne t'aime pas et qu'elle va en épouser un autre, tout en l'aimant, tu la rabaisses au-dessous de l'humanité.

— Mon oncle, nous ne sommes point ici, daignez vous le rappeler, pour discuter les agréments, la vertu, ou le plus ou moins de divinité de mademoiselle Régina de Lamothe-Houdon : nous sommes ici pour parler de M. Rappt.

— C'est juste, et tu me le rappelles :

Vois-tu, mon cher Pétrus, il y a, dans l'histoire obscure et tortueuse de cet homme, deux mystères. L'un m'a été révélé ; mais je n'ai jamais pu pénétré l'autre.

— Et ce mystère que l'on vous a révélé, mon oncle, est-il un secret ?

— Oui et non. Mais en tout cas, je me crois le droit de le partager avec toi. Tu me disais avant le dîner, cher ami, que j'avais été particulièrement dévot à cette dévote que l'on appelait la marquise de la Tournelle. Il y a, par malheur, du vrai là-dedans : mademoiselle Yolande de Lamothe-Houdon épousa en 1784 le marquis Pentaltais de la Tournelle, ou plutôt, les quatre-vingts ans et les cent cinquante mille livres de rente du susdit marquis; de sorte qu'au bout de six mois de mariage, elle se trouva veuve, marquise et millionnaire.

Elle avait dix-sept ans, elle était ravissante ; tu jurerais, n'est-ce pas, qu'elle a toujours eu soixante ans, et qu'elle n'a jamais été belle ? Jure, mon ami, mais ne parie pas, tu perdrais.

Tu dois comprendre que tout ce qu'il y avait de gentilshommes élégants à la cour du roi Louis XVI, présenta ses hommages à la belle veuve; mais, grâce à un directeur de conscience très sévère qu'elle avait, elle résista, dit-on, à toutes les tentations du diable.

On attribuait cette vertu, qu'on ne savait à quoi attribuer, à la mauvaise santé de la marquise. En effet, vers la fin de 1785, on la vit pâlir, maigrir, dépérir, au point qu'on lui ordonna les eaux de Forges, fort à la mode à cette époque.

Si efficaces que fussent les eaux de Forges, au bout d'un mois ou deux, on s'aperçut qu'elles étaient insuffisantes, et le médecin conseilla celles de je ne sais quel petit village de Hongrie, appelé Rappt, je crois.

— Mais mon oncle, c'est le nom du colonel, interrompit Pétrus.

— Je ne te dis pas le contraire ; pourquoi veux-tu, puisqu'il y a de par la terre un village qui s'appelle Rappt, qu'il n'y ait pas, de par le monde, un homme qui s'appelle comme ce village?

— C'est juste.

—Ce médecin était un très habile homme ; la belle et languissante veuve partit pour la Hongrie vers le commencement de 1806, pâle, amaigrie, défaite ; elle resta six mois aux eaux ou ailleurs, et revint vers la fin de juin de la même année, fraîche, grasse, bien portante, plus belle enfin que jamais.

Le bruit de sa sauvagerie avait alors jeté, parmi les prétendants de la belle Yolande, le même désordre que jeta, parmi ceux de Pénélope, le retour d'Ulysse ; moi seul, n'avais point désespéré au départ, et ne désespérai point au retour.

Cela tient à ce que, envoyé en mission auprès de l'empereur Joseph II, j'avais eu l'idée, la réponse à ma dépêche ne pouvant être donnée qu'au bout d'une quinzaine de jours ; j'avais eu l'idée, dis-je, d'aller faire un tour en Hongrie, et une fois en Hongrie, de pousser jusqu'à Rappt.

Je ne peux pas te dire ce que je vis sans être vu, mais tout ce que je vis me donna cette certitude, que la rigide veuve n'était point aussi sévère qu'elle le paraissait ; et c'est l'espoir qu'à son retour je pourrais, avec de l'assiduité et de la patience, obtenir d'elle ce qu'il était plus que probable qu'un autre, plus heureux que moi, avait déjà obtenu...

— Elle était enceinte ? demanda Pétrus.

— Je n'ai pas dit un mot de cela.

— Mais il me semble, mon oncle, que si vous n'avez pas dit un mot de cela, c'est au moins cela que vous avez voulu dire.

— Mon cher Pétrus, tire de mes paroles

les conséquences que tu voudras en tirer, mais ne me demande pas d'explications. Je suis comme Tacite, je raconte pour raconter, et non pour prouver, *narro ad narrandum, non ad probandum*.

— J'écoute, mon oncle.

— Un an après, j'eus la preuve évidente et irrécusable que La Fontaine fut un grand moraliste, le jour où il lança cet axiôme :

Patience et longueur de temps,
Font plus que force ni que rage.

— C'est-à-dire, mon oncle, que vous fûtes l'amant de la marquise de la Tournelle.

— Oh! que tu as une méchante habitude, Pétrus, c'est de vouloir faire mettre aux gens les points sur les *i*; c'est de mauvaise compagnie au possible, cette exigence-là!

— Je n'insiste pas, mon oncle, mais ces bouquets que régulièrement vous envoyez...

— Depuis quarante ans, mon cher, oui; je souhaite que, dans quarante ans, la belle Régina de Lamothe-Houdon reçoive un bouquet ayant signification semblable à celui que j'envoie à la marquise de la Tournelle.

— Ah! vous voyez bien, mon oncle, que

c'est à la marquise de la Tournelle que vous donnez cette marque de souvenir.

— Ai-je donc laissé échapper le nom de la pauvre marquise? Si cela est, je suis impardonnable, en vérité. D'autant plus impardonnable, que ma liaison avec elle ne dura que quelques mois, attendu que, vers le mois de mai 1787, sa majesté la reine Marie-Antoinette me renvoya en mission en Autriche, dont je ne revins, en 1789, que pour quitter de nouveau la France le 7 octobre de la même année.

A partir de ce moment, tu sais ma vie, mon cher Pétrus. J'ai voyagé en Amérique, je suis revenu en 1792 en Europe, je suis entré dans l'armée de Condé, j'y suis resté jusqu'au licenciement ; je me suis établi à Londres, marchand de jouets d'enfants, je suis revenu en France en 1818, j'ai touché mon indemnité, et finalement, j'ai été nommé député en 1826.

En entrant à la Chambre, j'y ai trouvé M. le comte Rappt.

D'où venait-il ? qui était-il ? à qui devait-il sa fortune ? Personne ne pouvait le dire. Comme Catinat, il avait reçu ses lettres de noblesse, sans être obligé de faire ses preuves.

Le nom du comte, qui était le même que

celui de ce petit village de Hongrie qui jouait un rôle dans les événements de ma jeunesse, attira mon attention sur mon honorable collègue. Une discussion que j'eus quelque temps après avec ma vieille amie, la marquise de la Tournelle, sur l'âge positif du colonel, qu'elle s'obstinait vis-à-vis de moi à rajeunir d'un an, l'y fixa.

Je me mis aux enquêtes sur les antécédants du comte.

Or, voici ce que j'appris :

Je te préviens d'avance que je tiens toutes les choses que je te vais dire, pour de méchants propos, auxquels je t'invite à n'ajouter qu'une foi fort douteuse.

La carrière militaire du comte Rappt date de 1806 ; on le voit poindre tout à coup près du général de Lamothe-Houdon, à la bataille d'Iéna. Le colonel comte Rappt est brave, personne ne lui conteste cela, il faut bien lui laisser quelque chose ; il se distingua, fut fait lieutenant sur le champ de bataille, et à peine nommé lieutenant, fut choisi par le général de Lamothe-Houdon, pour lui servir d'officier d'ordonnance.

— Pardon, mon oncle, interrompit Pétrus, mais si, comme tout donne lieu de le supposer, le colonel Rappt est fils de la marquise de la Tournelle, la marquise étant la sœur du maréchal, le comte Rappt se trouverait le neveu de M. de Lamothe-Houdon.

— En effet, mon cher ami, voici comment les mauvaises langues expliquent son avancement rapide, sa faveur constante près du maréchal et son influence politique à la Chambre. Mais tu comprends bien que si l'on croyait tout ce que disent les mauvaises langues...

— Continuez, mon oncle, je vous en prie.

— Eylau ajouta un degré à la fortune

militaire du jeune officier; nommé capitaine vers la fin de février 1807, le général de Lamothe-Houdon put le prendre pour aide-de-camp.

Ce fut en cette qualité qu'il assista, le 27 septembre 1808, à l'entrevue d'Erfurth.

Mon cher ami, lorsque tu t'occuperas d'histoire contemporaine, tu viendras me demander quel but avait cette paix jurée entre les deux plus puissants souverains de l'Europe; et comme j'habitais à Londres à cette époque, et que, tout tourneur en bois que j'étais, je voyais, en ma qualité de descendant des empereurs, des hommes assez bien renseignés, je te dirai que l'Angleterre qui avait frissonné lors du camp de Boulogne, trembla lors de l'entrevue d'Erfurth.

Elle avait senti l'Inde prête à lui échapper.

Mais nous n'avons point à nous occuper, par bonheur, de ces suprêmes questions ; de moindres intérêts nous agitent, comme on dit au Théâtre-Français.

L'empereur Napoléon avait présenté *à son ami* l'empereur Alexandre les généraux qui l'accompagnaient, faisant à chacun la part de la naissance, du rang ou du courage.

Le général de brigade de Lamothe-Houdon fut présenté comme les autres. Sa naissance était illustre, son courage proverbial.

Seulement il était pauvre.

— Sire, dit un jour Napoléon à l'empereur Alexandre, avez-vous une riche héritière dont vous ne sachiez que faire? J'ai un brave mari à lui donner.

— Sire, répondit l'empereur de Russie, j'ai justement en ce moment sous ma tutelle une jeune princesse orpheline, et riche à millions.

— Une jeune princesse ?

— Oui, et, ce qui est rare en Russie, une vraie princesse de vieille souche, d'antique noblesse, une descendante des anciens Knias, non pas un nom en *off*, comme nous autres Romanoff, par exemple, qui sommes de la noblesse d'hier, mais un nom en *ky*.

— Jeune ?

— Dix-neuf ans.

— Jolie ?

— Elle est Circassienne.

— Voilà qui me convient à merveille. Eh bien, mon cousin, je vous demande la main de votre orpheline pour mon protégé.

— Accordé, mon cousin, répondit Alexandre.

Et quinze jours après, la princesse Rina Tchouwadiesky épousa le général de division comte de Lamothe-Houdon.

Passe-moi un verre de rhum, égoïste, qui ne songe pas même à demander à ton oncle s'il n'a pas l'habitude de prendre quelque chose après son café.

Pétrus, désireux de connaître la fin de

l'histoire, se hâta de verser un verre de rhum à son oncle, et de lui présenter la chaude et ardente liqueur, mûrie sous le soleil d'or de la Jamaïque.

VII

Où il est longuement parlé des vertus du colonel comte Frédéric Rappt.

— L'empereur ne s'était pas trop avancé en disant que sa pupille était charmante.

Fille d'un prince tcherkesse, qui s'était révolté contre son souverain et qui avait été tué dans la révolte, la jeune fille s'était réfugiée, avec le trésor de sa famille, dans les états de l'empereur de Russie, qui s'était déclaré son tuteur.

Ce trésor, moitié en pierres précieuses, moitié monnayé, pouvait s'élever à une valeur de cinq ou six millions.

Au retour d'Erfurth, le général reprit donc l'hôtel des Lamothe-Houdon, qui, à la suite de la décadence de la famille, après avoir été loué, allait être vendu ; le fit meubler d'une façon ravissante, et, par un raffinement de galanterie toute française, ayant envoyé son aide-de-camp visiter l'appartement qu'habitait la princesse Tchouwadiesky à Moscou, chargea le comte Rappt de le précéder à Paris, pour faire accommoder à la circassienne tout un rez-de-chaussée donnant sur le jardin.

L'arrivée de la princesse Rina à Paris fut un événement dans le monde impérial; la belle Circassienne était presque un trophée de cette magnifique campagne de 1807; mais notre vie plaisait peu à l'indolente fille de l'Orient : couchée toute la journée sur ces larges coussins nommés taftas, elle roulait, pour toute distraction, dans ses mains un tchotky aux mille grains, et, pareille à une fée des *Mille et une Nuits* ne vivait que de confitures de roses.

Il résulta de cette sauvagerie orientale, que peu de personnes virent alors et ont vu même depuis, la princesse Tchouwadiesky. Ceux qui furent admis à cette faveur, sortirent en disant que c'était une splendide personne, aux yeux nacrés, aux cheveux noirs et luisants, au teint mat comme du lait, et que le général n'était certainement pas le plus mal récompensé; la possession de cette ravissante créature et des six millions qu'elle lui avait apportés en dot lui étant assurée d'une manière plus positive que le trône de Westphalie à Jérôme, que le trône d'Espagne à Joseph, que le trône de Naples à Murat, et que le trône de Hollande à Louis.

Ce qui surtout semblait condamner la

belle Rina — qu'à cause de sa dignité vraiment royale, on finit par appeler peu à peu Régina — ce qui surtout semblait la condamner à un isolement perpétuel, ou du moins à une société restreinte, c'est que la princesse ne parlait que le circassien, le russe et l'allemand.

Par bonheur, le général parlait cette dernière langue, de façon à comprendre tout ce que lui disait la princesse, et de son côté à se faire comprendre d'elle ; quant au comte Rappt, élevé en Hongrie jusqu'à l'âge de dix-neuf ans, il parlait l'allemand comme sa langue maternelle.

Comme tu le comprends bien, cher Pétrus, cette faculté de transmettre ses idées dans une langue familière à deux personnes et qui cependant n'était la langue ni de l'une ni de l'autre, amena entre elles des rapprochements.

Tu trouves le comte Rappt désagréable, parce qu'il va épouser Régina; je le trouve laid, parce qu'on a voulu l'introduire malgré moi dans ma famille, et que j'ai crié comme une anguille de Melun, à l'idée de me reconnaître le père d'un pareil coquin; mais tout le monde n'était pas de mon avis, et les mauvaises langues du temps — et il y avait une foule de mauvaises langues dans la population française, depuis que les hommes de dix-huit à quarante ans en avaient à peu près disparu ; — mais les mauvaises langues du temps prétendaient que la femme du général de Lamothe-Houdon n'était pas de notre avis.

Ces propos prirent probablement naissance parce que le général, oubliant de plus en plus la distance qui existe entre un chef de corps et son aide-de-camp, logea le comte Rappt, qu'il aimait comme un neveu, dans son propre hôtel; ne pouvant, disait-il, se séparer d'un homme dont le dévoûment de toutes les heures lui était si nécessaire.

Au retour de la campagne et de l'entrevue de 1808, qui avait disposé de sa destinée, la princesse Tchouwadiesky fut donc installée dans son boudoir circassien, et le comte Rappt dans le pavillon des fleurs.

Tu connais ce pavillon, n'est-ce pas? c'est là probablement que mademoiselle de Lamothe-Houdon te donne ses séances?

— Est-ce que le compte Rappt y demeure encore, mon oncle?

— Ah! non ; sa fortune grandissant et, la princesse vieillissant, le comte Rappt a maintenant son hôtel à lui.

Or, à cette époque où il n'était que capitaine et aide-de-camp, il ne l'avait pas, et il demeurait rue Plumet, dans l'hôtel de son général.

A cette époque, mon cher, on ne demeurait pas, on était comme l'oiseau sur la branche, on perchait; la guerre d'Espagne était dans son beau et allait mal, comme toutes les guerres dont Napoléon n'était pas; le génie de la république était mort avec les Kléber, les Desaix, les Hoche, les Marceau; il n'y avait plus que le génie des batailles, et il était tout entier dans Napoléon.

Napoléon partit pour l'Espagne vers le

commencement de novembre avec son état-major.

C'était le lendemain du jour où le général de Lamothe-Houdon venait de s'installer dans son hôtel de la rue Plumet et d'y installer sa nouvelle épouse.

C'était bien triste pour une Circassienne arrivée de la surveille à Paris, d'y rester seule, en compagnie d'une femme de chambre ; car la femme de chambre de la princesse étant la seule personne qui parlât russe et circassien, M. de Lamothe-Houdon et le comte Rappt étant les seuls qui parlassent allemand, la compagnie de la belle princesse se bornait à son mari, au comte Rappt et à mademoiselle Grouska.

Aussi, malgré les instances du comte Rappt, qui tenait à faire la campagne d'Espagne, le général de Lamothe-Houdon exigea-t-il qu'il restât à Paris.

Il fallait bien quelqu'un qui acclimatât la pauvre princesse.

Le devoir d'un aide-de-camp est d'obéir à son général, le comte Rappt obéit.

Au reste, la campagne ne fut pas longue : arrivé le 4 novembre en Espagne, Napoléon était de retour à Paris dans les premiers jours de janvier.

L'Autriche s'était révoltée.

C'était ainsi que l'on appelait alors l'action d'un royaume ou d'un empire qui déclarait la guerre à la France.

Pendant cette courte absence du général, celui-ci n'oubliait pas ce qu'il avait fait perdre à son fidèle Rappt en ne l'emmenant point avec lui, et celui-ci comme fiche de consolation, avait reçu son brevet de chef de bataillon.

On s'étonna quelque peu que ce fût au

moment où il était absent des drapeaux, que le comte Rappt obtînt cette nouvelle faveur, d'autant plus remarquable, que le jeune officier avait vingt-quatre ans à peine ; mais les mauvaises langues y trouvèrent une raison. L'aide-de-camp d'un général, dirent-ils, est au service de son général, avant d'être au service de l'empereur ou de l'empire, son titre *aide*-de-camp l'indique. Or, ajoutaient les mauvaises langues, ce fut surtout pendant ces deux mois que le général de Lamothe-Houdon fut en Espagne, que l'aide-de-camp Rappt aida son général.

Il n'avait pas perdu son temps, l'actif jeune homme ; à son passage à Paris, le général de Lamothe-Houdon trouva sa femme acclimatée, son hôtel meublé, peuplé de domestiques, établi enfin sur le pied qui convenait à sa nouvelle fortune.

Nous disons à son passage, parce qu'en réalité, le général ne fit que passer à Paris. Il fut, dès la fin de janvier, acheminé sur la Bavière, où notre ami Maximilien nous appelait à grands cris à son secours.

Cette fois, le général emmena avec lui son aide-de-camp, et la princesse resta avec sa confidente Grouska.

Je ne te narrerai pas la campagne de

1809, ce diable d'homme qu'on appelait Napoléon avait fait à cette époque un pacte avec la fortune; le 20 avril, victoire d'Abensberg; le 21 avril, victoire de Landshut; le 22 avril, victoire d'Eckmulh; le 23 avril, victoire de Ratisbonne ; le 4 mai, victoire d'Ebesberg; le 13 mai, entrée à Vienne; le 22 mai, bataille d'Essling ; enfin, le 5 juillet, je crois, bataille de Wagram, qui termine la campagne.

Il va sans dire que dans cette campagne de quatre mois, depuis Abensberg jusqu'à Wagram, le général et son aide-de-camp avaient fait des prodiges de valeur.

Seulement, vers la fin de la journée,

le général avait reçu une grave blessure.

Une balle lui avait contourné l'os de la cuisse, et l'on hésita un instant pour savoir si on ne lui couperait pas la jambe. Sa fermeté seule à déclarer qu'il ne demandait pas mieux que de mourir, mais qu'il voulait mourir entier, sauva le membre menacé.

L'empereur, en récompense de sa belle conduite, ne pouvant pas lui donner cette honorable mission à lui-même, puisqu'il était couché sur son lit de douleur, chargea son aide-de-camp, le comte Rappt, d'annoncer à Paris la nouvelle de la victoire de Wagram.

L'aide-de-camp partit le soir même : sept jours après, il était à Paris, où il arriva juste, d'abord pour annocner la grande victoire qui devait amener le traité de Schoënbrunn ; mais ensuite, récompense de sa fatigue et de son dévoûment, pour recevoir dans ses bras la plus charmante petite fille que jamais Circassienne ait donnée, après huit mois et demi de mariage, à un général français.

— Oh ! mon oncle !

— Mon cher, les chiffres sont des chiffres, n'est-ce pas ? Le général épouse la princesse, que lui amène son aide-de-camp, le comte Rappt, le 15 novembre 1808.

La princesse accouche le 30 juillet 1809.

Il y a juste huit mois et demi.

D'ailleurs, il n'y a rien d'étonnant à cela. Le code et la médecine constatent qu'il peut y avoir d'heureux accouchements à sept mois, à plus forte raison à huit mois et demi.

L'accouchement fut des plus heureux; et la preuve, c'est que la petite fille n'est autre que la belle Régina, qui reçut sur les fonts de baptême le même nom que sa mère, arrangé, comme l'avait été celui de sa mère, à la manière française.

— Mais alors, mon oncle, vous voudriez donc dire...

— Je ne veux rien dire; mon ami, ne me fais point parler.

— Que Régina serait la fille...

— Du général de Lamothe-Houdon, c'est chose incontestable. — *Pater is est quem nuptiæ demonstrant.*

— Mais, mon oncle, qui peut pousser le comte Rappt à cette infâme action ?

— Régina a un million de dot.

— Mais le misérable a vingt-cinq mille livres de rente.

— Cela lui en fera soixante-quinze mille, et, comme à la mort du général et de la princesse, Régina héritera de deux autres millions, cela lui en fera cent soixante-quinze mille.

— Mais ce Rappt est un indigne scélérat, mon oncle.

— Qui est-ce qui te dit le contraire?

— Que le général, qui ignore tout, consente à ce mariage, je comprends cela ; mais que la princesse souffre que sa fille épouse...

— Oh! mon Dieu, mon ami, cela se fait tous les jours. Tu n'as pas idée de la peine qu'ont les gens, propriétaires d'une grande fortune, à laisser passer cette fortune en des mains étrangères. Puis, il faut dire que la pauvre princesse est dans un état affreux, elle a une maladie nerveuse qui la tient presque toujours couchée ; elle en est arrivée à ne plus pouvoir supporter l'éclat du jour, de sorte qu'elle vit dans un crépuscule éternel, mangeant de la conserve de roses, respirant des parfums, et roulant les grains de son tchotky — toutes choses qui agacent singulièrement les nerfs. Qui dit même qu'elle sait que sa fille se marie ?

— Mais, mon oncle, souffrirez-vous donc, vous qui semblez si bien au courant de toute cette trame...

— Il est vrai que, par la marquise de la Tournelle...

— Souffrirez-vous de sangfroid qu'on accomplisse sous vos yeux un pareil crime ?

— Bon, et en quoi cela me regarde-t-il,

je te le demande ? De quel droit m'y opposerais-je ?

— Mais du droit qu'a tout honnête homme de démasquer un criminel.

— Pour démasquer un criminel, il faut des preuves. Puis, mon cher, il n'y a pas de loi qui punisse ces sortes de crimes, c'est-à-dire les vrais crimes.

— Oh ! mais moi, je...

— Toi, tu feras comme moi, Pétrus, tu regarderas faire.

— Non, non, non, par exemple !

— Tu laisseras le diable mêler l'écheveau de soie noire du comte Rappt à l'écheveau d'or de la belle Régina, et tu attendras que le diable dénoue ce que le diable aura noué.

Pétrus poussa un soupir qui pouvait passer pour un gémissement.

— Vois-tu, mon ami, continua le vieux général, il y a un proverbe qui dit qu'entre l'arbre et l'écorce il ne faut pas mettre le doigt; c'est un proverbe plein de sagesse. D'ailleurs, tout ce que je te rapporte là, tu comprends bien, ce sont des on dit.

— Oh! et cet homme vit dans le monde

en grand seigneur, il a une réputation...

— Exécrable.

— Ce qui ne l'empêche pas, mon oncle, d'être à la tête d'un parti.

— Du parti jésuite. — Aide-de-camp seulement, comme chez M. de Lamothe-Houdon.

— Qu'il va être ministre.

— Si je lui donne ma voix.

— Qui va épouser Régina.

— Ah ! cela, c'est son grand crime.

— Mon oncle, ce crime ne s'accomplira pas !

— Mon ami, dans huit jours, mademoiselle Régina de Lamothe-Houdon sera la comtesse Rappt.

— Mon oncle, je vous dis, moi, qu'il ne s'accomplira pas, répéta Pétrus en se levant vivement.

— Et moi, dit le général avec une dignité suprême, moi je vous dis, monsieur, que vous allez vous asseoir et m'écouter.

Pétrus retomba en soupirant sur son fauteuil.

Le général se leva et alla s'appuyer au dossier du siége sur lequel était assis son neveu.

— Je vous dis, Pétrus, continua-t-il, qu'indigné en tout temps, je l'espère, de l'action qui s'accomplit aujourd'hui, vous ne l'êtes cependant si fort, que parce que vous aimez Régina, et que la chose vous touche. Maintenant, dites-moi, quel droit avez-vous d'aimer Régina? qui a autorisé cet amour? Elle, sa mère, son père? personne. Vous êtes un étranger introduit dans la famille ; de quel droit un étranger va-t-il donc peser sur le destin de cette famille, où a-t-il été introduit? De quel droit va-t-il dire à une femme, qui n'a peut-être failli que par ignorance de nos mœurs : Vous êtes une épouse adultère ! A un mari heureux, ignorant du passé, sûr de l'avenir : Vous êtes un mari trompé ! A une fille qui respecte sa mère, qui aime son père — car rien ne dit que M. de Lamothe-Houdon ne soit pas le père de Régina — tu vas, à partir d'aujourd'hui, mépriser ta mère et regarder ton père comme un étranger. Allons donc, mon neveu, vous qui vous vantez d'être un honnête homme, si vous faisiez cela, vous seriez un infâme coquin, un gueux de la trempe de M. Rappt, et vous ne le ferez pas, c'est moi qui vous le dis !

— Mais, mon oncle, qu'arrivera-t-il ?

— Cela ne vous regarde pas, dit le général, cela regarde un juge bien autrement juste et bien autrement sévère que vous, un juge qui sait comment les choses se sont passées, lui, qui a tout vu, tout entendu, et qui, soyez tranquille, un jour ou l'autre, rendra son jugement; cela regarde Dieu.

— Vous avez raison, mon oncle, dit le jeune homme en se levant, et en tendant la main au général.

— Et dans cette dernière entrevue...

— Je ne dirai pas un mot de ce que vous venez de me raconter.

— Sur ta parole de gentilhomme ?

— Sur ma parole d'honneur !

— Eh bien, embrasse-moi, car quoique tu sois fils d'un pirate, je crois à ta parole, comme je croirais... comme je croirais à celle de ton pirate de père.

Le jeune homme se jeta dans les bras de son oncle, prit son chapeau, et sortit précipitamment.

Il étouffait !

VIII

Une visite à la rue Triperet.

Le lendemain de cette soirée, si cruelle pour le pauvre Pétrus, était justement ce jour du mardi-gras, où commence notre livre, et dans la matinée duquel on a vu le jeune peintre si maussade et si misanthrope.

Par malheur, ce jour-là il n'avait point séance ; ce fut ce qui lui fit proposer à ses amis, dans cet accès de misanthropie dont nous avons vu les développements et les suites, de faire cette mascarade de la halle par laqulle s'ouvre notre récit.

A force de fatigues physiques, Pétrus en était arrivé, nous l'avons vu, non pas à oublier, mais à vaincre la fatigue morale.

Il avait dormi un instant sur la table du tapis-franc, mais n'avait point tardé à être réveillé par l'arrivée de Chante-Lilas et des blanchisseuses de Vanves.

Nous avons vu comment, avec la joyeuse troupe, l'orgie avait à peu près recommencé; puis, comment enfin, à cinq heures du matin, on s'était quitté, Ludovic accompagnant Chante-Lilas et la comtesse du Battoir au Bas-Meudon, Pétrus rentrant rue de l'Ouest.

On se rappelle que sur les insistances de Ludovic pour que Pétrus vînt jusqu'au Bas-Meudon avec la troupe joyeuse, Pétrus s'était contenté de répondre, d'un ton fort misanthropique :

— Je ne puis pas j'ai séance.

Cette séance, dont il s'était contenté d'indiquer la nécessité, était celle dans laquelle allait se décider pour lui le destin de sa vie.

La séance était fixée pour une heure de l'après-midi.

Dès neuf heures du matin, Pétrus était rue Plumet.

Rentré chez lui, il s'était couché, avait essayé de dormir, mais la solitude et le silence l'avaient rendu à lui-même, c'est-à-dire à l'orage terrible de son esprit et de son cœur.

Là, mille projets différents avaient traversé son esprit sans s'y arrêter un instant. Illuminé par cette lampe intérieure qu'on appelle intelligence, Pétrus, au fur et mesure qu'ils paraissaient, les reconnaissait impraticables.

Neuf heures étaient venues sans qu'il se fut arrêté à aucun; seulement, son agitation avait rendu une plus longue attente impossible.

Il était sorti dès neuf heures.

Pourquoi faire ?

Pourquoi le joueur qui a perdu sa fortune, et qui espère la regagner, attend-il deux heures à l'avance l'ouverture du gouffre où va s'engloutir, après sa fortune, son honneur peut-être?

Pétrus, pauvre joueur qui n'avait que son cœur à mettre au jeu, avait mis au jeu son cœur, et l'avait perdu.

Il allait comme un insensé, tantôt d'un pas rapide, tantôt s'arrêtant sans motif, de la rue du Montparnasse à la rue Plumet, passant devant l'hôtel du maréchal, revenant par la rue des Brodeurs, la rue Saint-Romain, la rue Bagneux, et regagnant par la rue Notre-Dame, cette rue Montparnasse d'où il était parti.

Il entra dans un café, non pas pour déjeûner, mais pour tuer le temps, prit une tasse de café noir, et essaya de lire les journaux.

Les journaux ! Que lui importaient les nouvelles de l'Europe ? De quel intérêt étaient pour lui les discussions de la Chambre ? Il ne comprit même pas comment on pouvait noircir tant de papier pour dire si peu de chose.

La tasse de café noir et les cinq ou six journaux qu'effleura Pétrus, le conduisirent jusqu'à onze heures du matin.

A onze heures sonnant aux Invalides, il se remit en chemin.

Il avait encore deux heures à attendre.

Il prit alors un grand parti.

C'était de s'imposer une course assez longue, pour que cette course lui fît perdre une heure.

Mais où irait Pétrus ?

Il n'avait à faire nulle part, excepté dans l'hôtel du maréchal, et il avait encore au moins une heure et demie avant de s'y présenter.

Tout à coup, cette histoire de fée Carita lui revint à l'esprit.

Cette petite fille qui avait été malade, cette petite Rose-de-Noël qu'avait soignée Régina !

Il avait besoin de faire un croquis d'après elle, pour le tableau qu'il comptait exécuter sur le récit d'Abeille, et dont il avait fait le croquis séance tenante, en inventant une figure d'après la description imaginée de la petite fille.

C'était un but de voyage.

Il y avait en effet presqu'un voyage, des Invalides à la rue Triperet.

Pétrus remonta le boulevart jusqu'à la

rue d'Ulm, prit la rue des Marionnettes, celle de l'Arbalète, la rue Gracieuse, et se trouva à l'extrémité de la rue Triperet.

Le jeune homme ignorait le numéro de la maison qu'il cherchait, mais la rue n'a qu'une douzaine de maisons, il alla donc de porte en porte demandant où demeurait *la Brocante*.

A l'une des maisons — c'était celle du numéro 11 — il ne put rien demander, attendu qu'il ne trouva personne à qui adresser ses questions; mais à la conformation de l'allée, à l'obscurité du corridor, à la raideur de l'escalier il crut qu'il était arrivé au but de sa course.

L'échelle glissante franchie, il se trouva en face d'une porte grossière, mais solidement fermée en dedans.

Il frappa avec une certaine hésitation ; malgré la description exacte qui lui avait été faite des localités, il lui semblait difficile que des créatures humaines logeassent dans un pareil bouge.

Mais à peine le bruit que fit son doigt le long de la porte eut-il été entendu, que les aboiements d'une dizaine de chiens se firent entendre à leur tour.

Pétrus, cette fois, commença de croire qu'il ne s'était pas trompé.

Dans une pause que firent les chiens, une petite voix douce demanda harmonieusement :

— Qui va là ?

Pétrus ne s'était point attendu à cette question ; aussi répondit-il, instinctivement et naïvement, le simple monosyllabe :

— Moi.

— Qui, vous? demanda la voix douce.

En se nommant, Pétrus n'apprenait rien de nouveau à celle qui le questionnait; il lui vint donc à l'idée d'employer le nom de mademoiselle de Lamothe-Houdon, à titre de passeport.

— Quelqu'un qui vient de la part de la fée Carita.

Rose-de-Noël, car c'était bien elle, poussa un cri de joie, et accourut ouvrir la porte.

La porte ouverte, elle se trouva en face de Pétrus, qu'elle ne connaissait pas.

Tout au contraire, Pétrus la reconnut à l'instant même.

— Vous êtes Rose-de-Noël, dit-il.

Son regard, en effet, avait, du premier coup d'œil, coup d'œil de peintre, embrassé tout l'ensemble du taudis.

Au premier plan devant lui, la jeune fille à la robe écrue, retenue et plissée autour de la taille par une cordelière, aux pieds nus, et à la tête drapée d'un voile rouge.

Sur la poutre, au second plan, la corneille croassant, moitié inquiète, moitié joyeuse.

Enfin, dans les profondeurs du grenier, dépassant le rebord de leur hotte, les têtes des chiens aboyant, hurlant, glapissant.

C'était bien là le tableau esquissé par la petite Abeille.

— Vous êtes Rose-de-Noel? demanda Pétrus.

— Oui, monsieur, répondit Rose-de-

Noël, vous venez de la part de la princesse ?

— C'est-à-dire, mon enfant, répondit Pétrus en regardant la pittoresque créature qu'il avait sous les yeux ; c'est-à-dire que je viens pour qu'à nous deux nous lui fassions une surprise.

— Une surprise ! Oh ! bien volontiers ; une surprise qui lui fera plaisir ?

— Je le crois.

— Laquelle ?

— Je suis peintre, mon enfant, et je voudrais faire pour elle un portrait de vous.

— Un portrait de moi, que c'est drôle! voilà trois ou quatre peintres qui demandent à faire mon portrait; je ne suis pourtant pas jolie.

— Si fait, au contraire, mon enfant, dit Pétrus, vous êtes charmante.

La petite fille secoua la tête.

— Je sais bien comment je suis, dit-elle, j'ai un miroir.

Et elle montra à Pétrus un fragment de glace brisée, que la Brocante avait trouvé dans la rue, en faisant son état de chiffonnière.

— Eh bien ? demanda Pétrus.

— Quoi ? fit Rose-de-Noël.

— Voulez-vous que je fasse votre portrait ?

— Dame, dit la jeune fille, cela ne me regarde pas, cela regarde la Brocante.

— Qu'a-t-elle répondu aux autres peintres ?

— Elle a toujours refusé.

— Savez-vous pourquoi ?

— Non.

— Et croyez-vous qu'elle me refusera à moi ?

— Dame, je ne sais pas. Peut-être qu'avec un petit mot de la princesse...

— Mais je ne puis pas demander un petit mot de la princesse, puisque c'est pour lui faire une surprise, que je veux prendre un croquis de vous.

— C'est vrai.

— Mais, voyons, en lui offrant de l'argent?

— On lui en a offert.

— Et elle a refusé ?

— Oui.

— Je lui donnerai vingt francs pour une séance de deux heures, qu'elle viendra passer avec vous dans l'atelier.

— Elle refusera.

— Comment faire ?

— Je n'en sais rien.

— Où est-elle ?

— Sortie pour chercher un logement.

— Vous allez donc quitter ce grenier ?

— Oui, M. Salvator le veut.

— Qu'est-ce que M. Salvator ? demanda

Pétrus, tout étonné de trouver le nom de son compagnon nocturne dans la bouche de Rose-de-Noël.

— Vous ne connaissez pas monsieur Salvator ?

— Parlez-vous du commissionnaire de la rue aux Fers ?

— Justement.

— Vous le connaissez donc ?

— C'est mon bon ami, qui veille à ma

santé, et qui s'inquiète toujours s'il me manque quelque chose.

— Et si M. Salvator permet que je fasse votre portrait, la Brocante le permettra-t-elle ?

— La Brocante fait tout ce que veut M. Salvator.

— Alors, c'est à M. Salvator qu'il faut que je m'adresse ?

— C'est le plus sûr.

— Mais vous, cela ne vous contrarie-t-il pas, que je fasse votre portrait ?

— Moi ? au contraire.

— Cela vous fera plaisir, alors.

— Beaucoup de plaisir; seulement, vous me ferez bien jolie, n'est-ce pas?

— Je vous ferai comme vous êtes.

La petite fille secoua la tête.

— Non, dit-elle, alors, je ne veux pas.

Pétrus regarda sa montre.

Il était midi.

— Nous arrangerons tout cela avec M. Salvator, dit-il.

— Oui, fit Rose-de-Noël. Oh! que M. Salvator le permette, et la Brocante n'osera pas refuser.

— Bien, je vous le dis, elle sera en outre bien payée.

Rose-de-Noël fit un mouvement des lèvres qui voulait dire :

— Ce n'est point cela qui la décidera.

— Et vous, demanda Pétrus, que désirez-vous que je vous donne?

— A moi ?

— Oui, en récompense de ce que vous me laissez faire votre portrait.

— Oh! de grands morceaux de soie rouge ou bleue, avec de beaux galons d'or.

Primitive comme un enfant de la Bohême, la petite Rose-de-Noël aimait les couleurs éclatantes et les oripeaux dorés

— Vous aurez tout cela, dit-il.

Et il fit un mouvement vers la porte.

— Attendez, dit Rose-de-Noël.

— Quoi?

— Vous ne lui direz pas que vous me connaissez.

— A qui ?

— A la Brocante.

— Non.

— Vous ne lui direz pas que vous m'avez vue.

— Pourquoi cela ?

— Elle me gronderait de vous avoir ouvert la porte en son absence.

— Même quand vous lui direz que je venais au nom de la fée Carita ?

— Il ne faut rien lui dire.

— Vous avez une raison ?

— Si elle savait que la princesse a envie de mon portrait...

— Eh bien ?

— Elle lui demanderait de l'argent, et je ne veux pas qu'on vende mon portrait à la fée, mais qu'on le lui donne.

— Bien, mon enfant, dit Pétrus, ainsi, bouche close.

Rose-de-Noël fit, avec son charmant, mais triste sourire, un signe de croix avec le pouce sur ses lèvres empourprées par la fièvre, ce qui voulait dire que de son côté elle serait parfaitement muette.

Pétrus jeta sur elle un dernier regard, comme pour incruster cette poétique physionomie dans sa mémoire, au cas où, par une fatalité quelconque, il ne reverrait pas la petite mendiante.

Puis, à son tour, avec un sourire :

— C'est bien, dit-il, je demanderai à M. Salvator la permission ou l'ordre pour la Brocante, de vous amener dans mon atelier. Mais s'il me la refuse...

— S'il vous la refuse? demanda Rose-de-Noël.

— Eh bien, la princesse n'en aura pas moins votre portrait, c'est moi qui vous le dis.

Et il sortit en faisant un signe amical à la petite fille, qui repoussa les verroux derrière lui.

IX

Où il est prouvé que chez les artistes toutes choses tournent au profit de l'art.

Lorsque Pétrus arriva à la porte du maréchal de Lamothe-Houdon, sa montre marquait une heure moins un quart.

Il pouvait donc à la rigueur se présenter, cette avance d'un quart d'heure pouvant être mise sur le compte de l'empressement, et non de l'indiscrétion.

Mais à peine eut-il fait quelques pas dans la cour, que le suisse l'arrêta en lui disant que mademoiselle de Lamothe-Houdon était sortie dès le matin, et qu'on ignorait à quelle heure elle reviendrait.

Il demanda au brave homme s'il avait reçu quelque instruction à son endroit, il n'en avait reçu aucune.

Il n'y avait rien à faire : pousser plus loin les questions, c'était un manque de savoir-vivre dont Pétrus était incapable.

Il se retira.

Il était dans le quartier de Jean Robert, à l'extrémité de la rue de l'Université ; il résolut d'aller faire une visite à son ami, et enfila l'immense rue.

Jean Robert, vers sept heures du matin, était rentré, avait sellé lui-même son cheval, était parti au galop en disant que l'on ne fût point inquiet de lui si son absence se prolongeait, et n'avait point reparu.

Il fallait tuer le temps ; il songea à Ludovic, et reprit le chemin des hauts quartiers du Luxembuurg.

Ludovic n'était pas rentré.

Son oncle était à la Chambre.

Il rentra chez lui et se mit à esquisser de souvenir un portrait de la petite Rose-de-Noël, sous le costume de la Mignon de Gœthe. Il avait choisi le moment où la petite bohémienne, pour distraire Wilhelm Meister, exécute la Danse des OEufs.

Vers cinq heures du soir, un domestique, à la livrée du maréchal, apporta un billet de la part de la princesse Régina.

Pétrus eut toutes les peines du monde à se contenir, et à prendre le billet d'un air indifférent.

Il l'ouvrit tout tremblant, quoiqu'il doutât que le billet fût de Régina elle-même;

mais, à la signature, il reconnut qu'il était bien d'elle.

Il contenait ces quelques lignes :

« Excusez-moi, monsieur, de ne point m'être trouvée chez moi ce matin, lorsque vous avez bien voulu vous y présenter. Un accident funeste, arrivé à l'une de mes meilleures amies de pension, m'a retenue toute la matinée hors de Paris. J'arrive seulement à quatre heures, et j'apprends que vous êtes venu ; j'eusse dû vous écrire ce matin pour vous épargner cette peine, mais vous m'excuserez, je l'espère, en songeant au trouble où j'étais.

» Ne pouvant réparer ma faute, je l'atténue.

» Serez-vous libre demain à midi, monsieur ? Je vous donnerai toute une longue séance ; ma famille a hâte de posséder achevé votre magnifique portrait.

» RÉGINA. »

— Dites à la princesse, répondit Pétrus, que je serai demain chez elle à l'heure indiquée.

Le domestique se retira, Pétrus resta seul.

Trois jours auparavant, un pareil billet

l'eût comblé de bonheur ; la seule vue de l'écriture de Régina l'eût ravi en extase, et il eût baisé cent fois sa signature.

Mais depuis la révélation du général Herbel à l'endroit du mariage de la jeune fille avec le comte Rappt, il s'était fait un tel bouleversement dans l'âme du jeune homme, que la vue de ce billet lui était plus douloureuse qu'agréable.

Il lui semblait qu'en ne lui disant rien de la situation où elle se trouvait, Régina l'avait trahi, qu'en se laissant aimer elle lui avait tendu un piége.

Et cependant il lut et relut la lettre. Ses

yeux ne pouvaient se détacher de cette charmante petite écriture, fine, régulière, aristocratique.

Il fut interrompu au milieu de cette occupation par le bruit de sa porte qui s'ouvrit de nouveau. Il se retourna machinalement et aperçut Jean Robert.

Le jeune homme, après la journée orageuse qu'il avait passée, arrivait du Bas-Meudon.

Il était venu droit chez Pétrus, comme Pétrus était allé droit chez lui.

Si Pétrus eût trouvé Jean Robert rue de l'Université, il lui eût probablement, dans ce premier moment de dépit où le cœur déborde, parlé de cette séance manquée et de l'original du portrait qu'il était en train de faire; mais trois ou quatre heures de travail, couronnées par la lettre de Régina, avaient rendu au jeune homme, sinon le calme, du moins une certaine puissance sur lui-même.

C'était Jean Robert qui venait chez Pétrus, ce fut Jean Robert qui parla.

Pétrus, lui, n'avait que le cœur plein.

Jean Robert avait le cœur et l'esprit

également préoccupés, mais à la manière égoïste des poètes, c'est-à-dire au point de vue de ce qu'il pourrait tirer en roman ou en drame des événements de la journée.

Malgré l'emphatique exorde du jeune poète, Pétrus, tout préoccupé des propres événements de sa journée, ne faisait qu'une médiocre attention au récit des amours de Justin et de Mina, quand tout à coup les regards du narrateur tombant sur l'esquisse de la Danse des Œufs de la petite bohémienne, il s'écria :

— Tiens, Rose-de-Noël !

— Rose-de-Noël ? demanda Pétrus ; tu connais cette jeune fille ?

— Mais oui.

— Comment cela ?

— C'est sa vieille bohémienne de mère qui a trouvé la lettre que Mina a jetée par la portière de la voiture. J'ai été chez elle avec Salvator.

— En effet, elle m'a dit connaître notre ami de la nuit dernière.

— C'est son protecteur, il veille sur elle, s'occupe de sa santé, lui envoie des médecins, la fait changer de logement. Il paraît que cette affreuse Brocante est une vieille avare qui laisse mourir l'enfant de froid l'hiver et de chaud l'été. Est-ce que tu ne trouves pas cette petite fille ravissante, Pétrus?

— Tu vois bien que si, puisque j'ai fait son portrait...

— En Mignon, c'est une bonne idée. J'ai pensé tout de suite : Oh! si j'avais une actrice comme celle-là, je ferais tout de suite un drame du roman de Gœthe.

— Attends, dit Pétrus, je vais te montrer autre chose, alors.

Il tira de son carton le grand [dessin

qu'il avait fait quelques jours auparavant dans le salon des fleurs de Régina; puis, comme Jean Robert voulait voir sans retard :

— Attends, dit-il, j'ai quelques coups de crayon à donner encore.

En effet, on se rappelle que dans cette grande composition de Rose-de-Noël trouvée grelottante avec ses chiens dans un fossé du boulevart Montparnasse, il avait fait d'imagination la tête de la petite bohémienne.

En cinq minutes, la tête rêvée fut effacée, et la tête réelle remise en place.

— Tiens, dit Pétrus, regarde maintenant.

— Ah! mais, fit Jean Robert, sais-tu que c'est très beau, cela?

Puis tout à coup :

— Tiens, dit-il, le portrait de mademoiselle de Lamothe-Houdon!

Pétrus tressaillit.

— Comment, demanda-t-il; que veux-tu dire?

— N'est-ce donc point là le portrait de la fille du maréchal? là, là, en amazone.

— Oui; tu la connais donc?

— Je l'avais vue une ou deux fois chez le duc de Fitz-James, et je l'ai revue aujourd'hui ; voilà pourquoi la ressemblance de cette amazone avec elle m'a sauté aux yeux.

— Tu l'as revue, et où cela ?

— Oh ! dans une circonstance terrible, agenouillée avec deux autres amies de pension, élèves de Saint-Denis comme elle, autour du lit d'une pauvre enfant qui a voulu s'asphyxier.

— Mais qui n'a pas réussi ?

— Oui, dit Jean Robert avec tristesse, elle a eu ce malheur.

— Ce malheur ?

— Sans doute, puisqu'elle s'asphyxiait avec son amant, et que son amant est mort. C'est tout cela que j'allais te raconter, cher ami, lorsqu'en même temps que je remarquais ta préoccupation, qui te faisait prêter une oreille médiocrement attentive à mon récit, j'ai reconnu le portrait de Rose-de-Noël.

— Pardon, Robert, dit Pétrus en tendant la main avec un sourire au jeune poète ; j'étais préoccupé, c'est vrai, mais ma préoccupation est passée ; raconte, mon ami, raconte.

Ainsi est faite l'âme humaine dans ses rapports avec les objets extérieurs, égoïste presque toujours. Pétrus, insouciant au récit des amours de Justin et de Mina, tant qu'il ignorait l'intervention de Rose-de-Noël dans ces amours; Pétrus, distrait au récit des malheurs de Colomban et de Carmélite, tant qu'il n'y voyait pas apparaître mademoiselle de Lamothe-Houdon; Pétrus était avide maintenant d'entendre cette double narration, à laquelle Régina se trouvait mêlée : à la première, indirectement par Rose-de-Noël; à la seconde, directement par elle-même.

Pétrus n'avait point douté un instant que Régina fût attirée hors de chez elle par un événement arrivé à une de ses amies; mais il était enchanté que Jean Robert vînt confirmer la réalité de l'événement. D'ailleurs, Jean Robert avait parlé de la beauté de mademoiselle de Lamothe-Houdon en poète, et malgré le sentiment de jalousie qui brûlait son cœur en songeant que cette beauté appartenait d'avance à un autre, il était heureux et fier de cette beauté.

Puis, il apprenait une chose, c'est que madame Lydie de Marande, chez laquelle il s'était fait présenter, et chez laquelle son oncle lui avait reproché de n'être point retourné, était non-seulement une connaissance de Régina, mais une amie intime, une compagne de Saint-Denis.

Il en était ainsi de cette jeune fille dont Jean Robert ne savait rien autre chose que le nom, qui vivait avec Salvator, et que l'on appelait Fragola.

Dès-lors, le récit de Jean Robert prenait, aux yeux et aux oreilles de Pétrus, un intérêt prodigieux.

Nous disons aux yeux, parce qu'à mesure que les oreilles entendaient, les yeux voyaient.

De son côté, Jean Robert sentant qu'il était écouté, et qu'en termes d'artiste il faisait son effet, de son côté Jean Robert racontait en poète.

Mais au fur et à mesure qu'elle avançait,

la narration prenait une telle influence sur Pétrus, qu'il ne se contenta bientôt plus des détails vagues et diffus du récit.

Il mit un crayon à la main de Jean Robert, et le pria de lui donner une idée du spectacle funèbre que présentait la chambre de Carmélite.

Jean Robert était loin d'être peintre, mais c'était un habile metteur en scène; c'était lui en général, lorsqu'il montait une pièce qui allait à la Bibliothèque, dessinait ou calquait les costumes, faisait le plan, et jusqu'aux maquettes des décorations.

Il avait, en outre, cette mémoire particulière aux romanciers, qui leur permet de décrire fidèlement la localité qu'ils n'ont vue qu'une fois, ou même qu'ils n'ont fait qu'entrevoir.

Jean Robert prit un papier, et fit d'abord le plan géométral de la chambre de Carmélite.

Puis, sur un autre papier, l'aspect de cette chambre, avec les trois jeunes filles groupées autour du lit de la quatrième, couchée dessus.

Puis dans le fond, sous son magnifique costume de dominicain, il indiqua Sarranti, le beau prêtre, calme, sévère, immobile comme la statue de la Contemplation.

Pétrus le suivait avidement des yeux.

Avant même qu'il eût fini, il lui tira le papier des mains.

— Merci, dit-il, j'ai tout ce qu'il me faut, mon tableau est fait; donne-moi seulement quelques détails sur le costume des élèves de Saint-Denis.

Jean Robert prit la boîte à l'aquarelle,

et indiqua les couleurs sur une des jeunes filles agenouillées.

— C'est cela, dit Pétrus.

Et à son tour il prit un papier Bristol, et, devant Jean Robert, commença d'esquisser cette scène douloureuse dont le poète lui avait fait un croquis informe, mais un récit plein de couleur et de vérité.

Les jeunes gens se quittèrent assez avant dans la nuit.

Le lendemain, à midi juste, Pétrus se

présentait à l'hôtel du maréchal de Lamothe-Houdon.

Qu'y venait-il faire? qu'allait-il dire?
il n'en savait rien. Il s'était, pendant ces
deux jours d'attente, préparé pour ainsi
dire le cœur à d'immenses tristesses, à de
profondes douleurs.

FIN DU NEUVIÈME VOLUME.

Fontainebleau, Imp. de E. JACQUIN.

Ouvrages d'Eugène Sue.

La Famille Jouffroy.	7 vol.
Mémoires d'un mari	4 vol.
Fernand Duplessis.	6 vol.
Gilbert et Gilberte	7 vol.
La marquise d'Alfi	2 vol.
L'Institutrice	4 vol.
Les Enfants de l'Amour	4 vol.

Ouvrages d'Alexandre Dumas.

Les Mohicans de Paris	8 vol.
Catherine Blum	2 vol.
Vie et aventures de la princesse de Monaco.	5 vol.
El Saltéador.	3 vol.
Souvenirs de 1830 à 1842	4 vol.
Un Gilblas en Californie.	2 vol.
Les Drames de la Mer.	2 vol.
Le Pasteur d'Ashbourn.	8 vol.
Conscience	5 vol.
Olympe de Clèves	9 vol.
La Comtesse de Charny.	16 vol.
Le Trou de l'Enfer	4 vol.
Dieu dispose	6 vol.
La Femme au collier de velours.	2 vol.
Histoire d'une colombe	2 vol.
Ange Pitou	8 vol.
Le Collier de la reine.	11 vol.
Le Véloce.	4 vol.
Mariages du père Olifus.	5 vol.
Les mille et un fantômes	2 vol.
La Régence	2 vol.
Louis XV.	5 vol.
Louis XVI.	5 vol.
La comtesse de Salisbury	6 vol.

Fontainebleau, imp. de E. Jacquin.

www.ingramcontent.com/pod-product-compliance
Lightning Source LLC
Chambersburg PA
CBHW060356170426
43199CB00013B/1887